SEGURANÇA
É DINHEIRO

CIP-BRASIL. CATALOGAÇÃO NA PUBLICAÇÃO
SINDICATO NACIONAL DOS EDITORES DE LIVROS, RJ

F881s

    França, Gilmo S.
      Segurança é dinheiro / Gilmo S. França. - 1. ed. - São Paulo : Ícone, 2014.
    168 p. : il

    ISBN 978-85-274-1256-8

    1. Administração financeira 2. Finanças. I. Título.

14-11367   CDD: 658.15
                                      CDU: 658.15

15/04/2014   24/04/2014

Gilmo S. França

SEGURANÇA É DINHEIRO

Ênfase:
**GRANDES EVENTOS
FAMÍLIA
COMÉRCIO**

1ª edição
Brasil
2014

Ícone
editora

© Copyright 2014
Ícone Editora Ltda.

Revisão técnica
Eduardo Maia Betini
Jairo Pereira dos Santos
Francisca Alves Soares

Revisão de Língua Portuguesa
Frederico dos Santos Araújo
Marcelo Votan Alves Soares
Juliana Biggi
Paulo Teixeira

Capa
Suely Danelon

Ilustração de capa
Hugo Votan Alves Soares

Diagramação
Suely Danelon

Proibida a reprodução total ou parcial desta obra, de qualquer forma ou meio eletrônico, mecânico, inclusive por meio de processos xerográficos, sem permissão expressa do editor (Lei nº 9.610/98).
Todos os direitos reservados à:
ÍCONE EDITORA LTDA.
Rua Anhanguera, 56 – Barra Funda
CEP: 01135-000 – São Paulo/SP
Fone/Fax.: (11) 3392-7771
www.iconeeditora.com.br
iconevendas@iconeeditora.com.br

Prefácio

Quando vislumbrei a possibilidade de escrever este livro, baseei-me em observações do cotidiano e na necessidade de se fazer um compêndio destas informações para subsidiar o profissional de segurança no seu dia a dia. Na primeira parte do livro, trato dos assuntos gerais, focando mais em aspectos técnicos e conceitos clássicos sobre o assunto. Nas aulas que ministrei, fui forçado a encontrar soluções para os inúmeros problemas de segurança pelos alunos apresentados, inclusive indagações afetas à área privada, daí surgiu a ideia de compor a segunda parte do livro. Na terceira parte, apresento um rol de formulários exemplificativos que darão uma pequena noção quando o leitor tentar montar uma estrutura para analisar, na prática, um determinado empreendimento. O "algo a mais" do livro vem com algumas considerações acerca do comportamento familiar que muitas vezes nos traz problemas simples e de fácil solução. A proposta deste trabalho é de subsidiar o profissional de segurança em sua tomada de decisão e implantar a ideia de sistematização de procedimentos visando à interação da segurança orgânica como um todo. Esta obra não exaure o tema, mesmo porque, em se tratando de segurança, é imperativo observar constantes mudanças do cenário onde opera o profissional na aplicação da técnica específica, fato que por si só inviabiliza o engessamento do assunto. Em suma, optei por fazer uma obra curta, despretensiosa quanto ao esgotamento do conteúdo, porém objetiva.

Antes de prosseguirmos é importante ficar claro que os níveis de segurança aqui sugeridos devem ser dosados e adaptados dependendo da situação fática e da cultura local e isto é perfeitamente possível e tranquilo se adotarmos os princípios gerais da Segurança Orgânica. Assim, independe do país (Brasil, EUA, UE etc.) a técnica será aplicável com êxito. O importante é ter em mente que a segurança que você deseja não pode ser motivo para a insegurança de outros.

Á minha família

Sumário

PREFÁCIO, 5

SOBRE O AUTOR, 7

PARTE 1, 13

SEGURANÇA ORGÂNICA – SEGURANÇA INTEGRADA, 15
    Conceito, 15
    Finalidade, 15
    Princípios que norteiam a Segurança Orgânica, 15
    Robustez, simplicidade e eficiência (princípios interligados), 16

Esquema de Plano de Segurança Orgânica Clássica, 17

Plano de Segurança Orgânica, 17
    Tendências e Inovações, 18
    Efeito "inverso", 19
    Quem precisa de segurança (privada)?, 19
    Análise de riscos, 21
    Quem é o inimigo (ameaça)?, 21
    Estudo de situação, 24
    Avaliação de cenário, 24

Erros-falhas de concepção, 25

Alguns conceitos úteis, 27
    Inteligência, 27
    Contrainteligência, 27
    Compartimentação (segredo), 27
    Contrainformação, 27
    Criptografia, 28
    Senha forte (para documentos), 28
    Fontes abertas, 28
    Falso alarme, 29
    Cultura de segurança, 29

ÁREAS DE ATUAÇÃO, 29

1. Pessoal, 29
    Processo seletivo, 30
    Desempenho da função, 31
    Treinamento do agente de segurança, 33
    "Kits" de invisibilidade, 35
    Efeito surpresa, 38
    Uso Progressivo da Força – UPF, 39
    Esquema para aplicação da força, 39
    Limite ao Uso da Força, 41
    Remuneração, 42
    Padronização de procedimentos, 43
    Desligamento de agentes ligados à segurança, 43

2. Áreas e instalações, 45
    OFENDÍCULOS, 46
        Delimitar perímetro, 47
    IMPLANTAÇÃO DE BARREIRAS, 49
        Barreiras mecânicas e eletrônicas, 50
        Controle de acesso, 54
        Cercas eletrificadas, 57
        Câmeras de vídeo, 60
        Inteligência aplicada ao sistema de monitoramento, 61
        Sistemas de integração e monitoramento (Salas de controle central), 62
        Sistema de alarme: sensor de presença, 65
        Listar vulnerabilidades, 66
        Reconhecimento de rotinas, 67
        Apontar estratégias para implementação (meios prazos e validade), 68
        Atribuir competência e propor formalização, 68

DOCUMENTOS E MATERIAIS, **69**
    Princípios clássicos que norteiam o trato documental, **76**
TELEMÁTICA, **77**
    Senhas seguras, **81**
    Engenharia social do infrator, **83**
PREVENÇÃO DE ACIDENTES, **89**
CONSIDERAÇÕES FINAIS, **96**

PARTE 2, 97

EXEMPLOS DE ALGUNS INVESTIMENTOS EM SEGURANÇA FAMILIAR, 99
    Instalações em segurança familiar, **99**
    Pessoal em segurança familiar, **101**
    Documental em segurança familiar, **102**
    Telemática em segurança familiar, **103**

EXEMPLOS DE ALGUNS INVESTIMENTOS EM SEGURANÇA COMERCIAL/INSTITUCIONAL, 104

Em um condomínio residencial, 104
    Instalações em um condomínio residencial, **104**
    Pessoal em um condomínio residencial, **105**
    Documental em um condomínio residencial, **106**
    Telemática em um condomínio residencial, **108**

Em um condomínio predial, 108
    Instalações em um condomínio predial, **109**
    Pessoal em um condomínio predial, **109**
    Documental em um condomínio predial, **110**
    Telemática em um condomínio predial, **110**
    Exemplo prático de otimização dos recursos de segurança condominial – integração das portarias, **110**

Em supermercado, 112
    Instalações em supermercado – caso concreto, **113**
    Pessoal em supermercado, **116**
    Documental em supermercado, **119**

Em uma fábrica, 119
    Instalações em uma fábrica, **120**
    Documental em uma fábrica, **121**

Segurança em material de construção, 122
  Instalações: segurança em material de construção, 122
  Pessoal: segurança em material de construção, 124

Em escolas, 127
  Instalações em escolas, 128
  Pessoal em escolas, 129
  Documental em escolas, 129
  Telemática em escolas, 130
  Violência na escola, 130

Em bancos, 133
  Dois pontos de vista: comercial e segurança, 133
  Setor comercial bancário, 133
  Análise de imagens, 136

Segurança em carros fortes, 138
  "Instalações": segurança em carros fortes, 138
  Pessoal: segurança em carros fortes, 139
  Documental: segurança em carros fortes, 139
  Telemática: segurança em carros fortes, 140
  Erro de operacionalidade, 140

Segurança em grandes eventos, 141
  Sistemática de atuação, 142
  Eventos em crise, 145
  Interação entre várias seguranças, 146
  EXEMPLO DA APLICAÇÃO PRÁTICA DA ATUAÇÃO DO PROFISSIONAL DE SEGURANÇA EM GRANDES EVENTOS, 148
    Segurança em um jogo de futebol, 148
    Instalações em praças públicas, parques, praias e rios, 155
    Prevenção de acidentes: grandes shows em locais abertos e fechados, 157

PARTE 3, 163

Higiene, 165

Meio ambiente, 166

Terrorismo, 167

Parte 1

SEGURANÇA ORGÂNICA – SEGURANÇA INTEGRADA

Conceito

Segurança Orgânica: Conjunto de medidas preventivas, executadas – no âmbito de uma Instituição – de forma descentralizada e permanente, destinadas à antecipação e obstrução de ações adversas de qualquer natureza que vão de encontro à integridade dos Recursos Humanos, Áreas e Instalações, Documentação e Material, Sistemas de Segurança da Informação e atividades operacionais do cotidiano.

Finalidade

Visa estabelecer as diretrizes e objetivos a serem alcançados quando da implantação de um eficiente Plano de Segurança Orgânica. Não pretendo demonstrar equipamentos e tecnologias – mesmo porque estes itens sofrem mudanças constantes e rápidas . Espero tão somente focar num conjunto de procedimentos e de comportamentos que, aliados à tecnologia existente, irão proporcionar uma zona de conforto quanto à Segurança.

Princípios que norteiam a Segurança Orgânica

Princípio da atualidade

Este princípio se relaciona diretamente com avanços tecnológicos e com práticas e técnicas modernas voltadas para contenção e obstrução do ataque do invasor. Fica claro a importância de atualização das condições de segurança do estabelecimento.

Princípio da vigilância

Sempre alerta. Em resumo é exatamente este o sentido literal do termo analisado. A aplicação das técnicas e da tecnologia agregada só será eficaz se utilizada no tempo certo, e, para tanto, há de se manter uma vigilância constante e duradoura.

Princípio da precaução

A precaução é mais eficiente que o enfrentamento direto isto porque o trauma físico deixa de ocorrer pois a ação ainda não atingiu o bem protegido. Quanto ao valor: a reparação se apresenta de forma menos onerosa, pois ainda não tivemos o bem atingido diretamente pelo agressor, sendo assim a sua integridade permanece.

Robustez, simplicidade e eficiência (princípios interligados)

Todo sistema deve se comportar como íntegro e confiável tal qual se faz a comparação entre uma pistola e um revólver – este considerado mais confiável e simples – numa visão grosseira do mecanismo. A tecnologia não pode atuar como elemento de dúvida quanto à eficiência. Assim, analisando o profissional de segurança só deverá migrar de sistema se o equipamento disponível no mercado se apresentar como solução superior a já instalada. A filosofia é evitar trocas desnecessárias ou usar o cliente como laboratório de produtos ainda com eficiência duvidosa.

É importante que se tenha um sistema relativamente simples, por determinar um treinamento mais rápido e facilidade na obtenção de peças de reposição; de nada vale um sistema moderno e complicado que tenha componentes de difícil reposição. A inoperância de um elemento ou peça pode comprometer todo o sistema de segurança.

Esquema de Plano de Segurança Orgânica Clássica

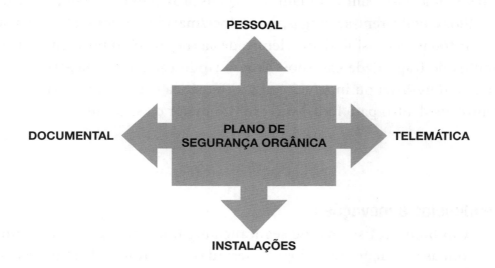

Plano de Segurança Orgânica

Trata-se de um documento tecnicamente elaborado que visa orientar os procedimentos de proteção ao conhecimento relacionado a uma atividade seja ela qual for. **Objetivo:** prevenir e obstruir as ações adversas de qualquer natureza.

O plano de segurança orgânica não se confunde com segurança das instalações. Esta é ramo daquele, o mais abrangente.

A Segurança se apresenta como um movimento de dentro pra fora; um bom plano de segurança orgânica deve deixar de lado o preconceito, os tabus, as crenças e qualquer outro tipo de sentimento empírico que possa interferir na técnica. Deve-se encarar a segurança como um movimento único, porém dividido em fases. Exemplifiquemos: na elaboração de plano de segurança pessoal, deve ser trabalhado o grau de risco que a pessoa física impõe a si mesma, frequentando locais perigosos, mantendo rotina de procedimentos comprometedores, se tem relacionamentos com pessoas potencialmente perigosas, enfim, seus hábitos que poderiam ser evitados. Em seguida, observam-se os familiares mais próximos e a possibilidade de os filhos envolverem-se drogas, ex-mulher/marido, parentes etc. Deve-se cercar todas as possibilidades dentro de casa e só então procurar outros pontos de fragilidade externos. Transferindo estas informações para o meio empresarial ou institucional a sistemática é a mesma; parte-se do centro, de dentro para fora. Eis o espírito maior da segurança.

Tendências e Inovações

Um bom profissional de segurança orgânica deve estar em sintonia com as inovações tecnológicas testadas e aprovadas disponíveis no mercado para o setor. A dianteira é primordial e necessária quando se procura minimizar as falhas encontradas pelos invasores. Existe uma corrida ruidosa travada entre o profissional de segurança e o bandido e nesta batalha vencerá quem assumir a vanguarda da tecnologia existente. É inadmissível a adoção de equipamento da geração tecnológica ultrapassada num planejamento moderno. Uma solução que atendia no passado pode hoje não atender. O avanço tecnológico exige um pouco mais de talento do profissional de segurança, no sentido de buscar o melhor investimento, tanto financeiro quanto ao uso mais adequado dos meios. O profissional avaliador não pode exagerar na dose – adotando uma marreta para eliminar uma pulga – nem tampouco adotando medidas insuficientes para fazer frente à invasão nitidamente mais forte. A virtude está no bastante no suficiente, no ponto em que o cliente experimente uma sensação real de segurança e gastando apenas o necessário. Um dos grandes vilões que impede o alcance desta excelência é a tendência – sem critérios – em baixar os custos com profissional e com material: A busca pela eficiência deve ser a regra quando se deseja um serviço de segurança de qualidade.

Efeito "inverso"

A implementação de um plano de Segurança Orgânica falho, com utilização de mão de obra amadora e equipamentos obsoletos induz a um sentimento de bem estar errôneo que só será desfeito quando, inevitavelmente, a segurança for rompida sem o menor esforço. O dever do profissional de segurança é: primeiro manter-se na vanguarda quanto às tecnologias disponíveis no mercado, bem como às técnicas mais aplicadas e atualizadas; segundo, elaborar o plano de Segurança Orgânica observando no mínimo e a divisão clássica (pessoal, documental, instalações e telemática) – com a participação, se necessário for, de especialista em cada área. O autor do projeto, ao final, deve fazer a integração dos diversos ramos, transformando tudo num sistema harmônico e funcional. Este é o cenário ideal onde deve atuar o profissional de segurança.

Montando assim suas aplicações, a segurança terá uma vantagem maior sobre os ataques do invasor, aproximando-se da eficiência quase total, assim agindo, o sistema apresentará o melhor custo benefício. Por outro lado, se for mal implantado ou se mal conectado, o sistema gerará uma anomalia que conhecemos como sendo "efeito inverso" ou segurança oca, que nada mais é que o falso sentimento de segurança experimentado pelo dono do empreendimento que recebeu um plano de segurança fora dos padrões técnicos.

Quem precisa de segurança (privada)?

Por um olhar mais amplo – público – vamos adotar o princípio de que todos necessitamos de segurança (*segundo Maslow, segurança só é preterida pelas necessidades fisiológicas*).

Mas se partimos para determinado grupo veremos que a demanda por segurança, além de outros fatores sociais e naturais, cresce à medida que se apresentam as diferenças patrimoniais. Focaremos nas diferenças monetárias por ser o elemento mais forte no contexto privado. Sob a perspectiva privada deve-se observar as ações e patrimônio do cliente e caso se mostrem incomuns, considerando o grupo que o cerca, a aplicação da segurança privada se faz necessária nestes casos, faz-se imperativo aplicar técnicas e táticas de segurança voltadas para minimizar o ataque iminente. Resumindo teremos: A demanda por segurança privada por uma pessoa/empresa será proporcional à diferença patrimonial observada num determinado grupo. Respeitando a cultura e sem maiores aprofundamentos em outros aspectos sociais, devemos acrescentar que para estes casos e outros que possam surgir, o profissional de segurança orgânica tem uma resposta que poderá atender prontamente a demanda, aplicando técnicas modernas com o uso de conceitos básicos de segurança. **Não se trata de cartilhas de dicas**, as quais são dicas facilmente encontradas na WEB, mas sim de um estudo aprofundado sobre o problema apresentado, visualizando os pontos falhos e montando procedimentos para minimizá-los e dar um conforto maior para o investidor em segurança. *Investir em segurança é deixar de gastar com reparações futuras, logo, segurança = lucros maiores.*

A segurança se faz necessária em todas as camadas sociais, todos dela necessitam: cidadãos comuns, empresários, funcionários públicos, autoridades políticas e religiosas etc. Seguindo esta lógica de carência de segurança, onde o poder público precisa e o particular clama, fica forte a tese que impõe a necessidade de encarar a segurança de forma abrangente. Não se pode tratar de questões voltadas para a segurança sem o envolvimento de todos os setores da comunidade, ou seja, os entes governamentais, os comerciantes, os profissionais de segurança privada, enfim, toda a comunidade deve está empenhada em resolver estes conflitos, é o movimento coordenado na direção certa, criando a **Educação de segurança**. Quando se deseja implantar segurança, busque em primeiro plano saber o que o Estado oferece. É comum encontrar pessoas que não sabem que o número 193 aciona a emergência dos Bombeiros e da PM e que 192 aciona o serviço de ambulância. Não sabem também que existe uma ronda feita pela PM em determinados horários e que seguranças particulares podem manter contato com estes policiais, informando a movimentação da área. Não sabem nem o telefone da Delegacia da Polícia Civil mais próxima. Com isso, estou enfatizando que não se pensa em segurança sem buscar a integração com todo o sistema público e privado. Quanto mais gente envolvida na segurança, mais eficiente será. Contratando um bom profissional de segurança ele agirá como onda feita por pedra em águas paradas, ele irradiará ondas de segurança até atingir os pontos mais distantes.

Análise de riscos

Processo que identifica e quantifica os riscos aos quais os recursos do ambiente analisado estão submetidos. Análise dos riscos de segurança contendo uma descrição sucinta da situação e descreve as justificativas para a elaboração do Plano de Segurança Orgânica. Aqui, levam-se em consideração aspectos internos e externos que potencialmente podem fragilizar a integridade do empreendimento analisado. A análise de risco é o ponto de partida de todo plano de segurança orgânica, dela surgirão as soluções mais modernas para os problemas apresentados pelo empresário e observados pelo profissional de segurança, como também serão vencidas as futuras e potenciais preocupações.

Quem é o inimigo (ameaça)?

Saber eficientemente quem é o inimigo é fruto de técnicas aplicadas e esta análise não se confunde com adivinhação, não se trata de magia e sim de estudo coordenado e uso de táticas adequadas. O estudo do "inimigo (ameaça)" é pressuposto existencial de um bom plano de segurança orgânica. Sem esta consideração não há que falar em conforto no que se refere à segurança, neste caso, surge a necessidade de observarmos três grupos distintos de "inimigos", então vejamos:

- **Inimigo (ameaça) interno** (oculto): Este tipo de inimigo é o mais nocivo, pois atua dentro da organização em que serve silenciosamente. Seu prejuízo se traduz por vazamentos de informações relacionadas com vulnerabilidades do sistema, facilitando fisicamente a entrada do agente agressor externo, bem como inviabilizando o sistema de segurança operante no local. Este inimigo só se apresenta de maneira oculta, pois, uma vez identificado não há motivos para mantê-lo no sistema. Então, fica muito cristalina a situação do inimigo (ameaça) interno declarado, uma vez identificado, afaste-o da empresa ou repartição, se o cargo ocupado por ele não necessitar de rito especial para demissão – demita-o de pronto, porém, se não for possível a demissão, mantenha acompanhamento e controle de suas ações. Busque sempre proteger a instituição e resolva os entraves que obstam a demissão, o objetivo é identificá-lo e expurgá-lo o quanto antes dos quadros da empresa. Uma técnica bastante produtiva para se chegar ao causador de danos em série é fechar determinados grupos e soltar dentre eles informações diferentes e ver qual delas foi fruto de deslealdade, a partir daí restrinja o ambiente e vá fechando o círculo. Um bom profissional de segurança irá juntar a esta ação, análise de imagens, análise documental, vida pregressa etc.

- **Inimigo (ameaça) externo declarado**: Este tipo de ataque é o mais fácil de identificar e é dentro deste patamar, de fácil percepção, que o cliente exige providências. É exatamente nesta fase que param a grande maioria dos profissionais de segurança acanhados. Estes, por sua vez, não avançam por falta de conhecimento e tomam estas primeiras impressões como sendo a causa do problema, cometendo falha grave de percepção que comprometera a curto prazo a segurança, pois a solução apontada concentra-se unicamente em periféricos, tais como: (cercas elétricas, portões, grades, alarmes etc.). Nota-se que a avaliação deve ir muito além disso e integrar todo o sistema de segurança.

- **Inimigo (ameaça) externo oculto:** Este inimigo exige um pouco mais de talento por parte do profissional de segurança orgânica, o qual deverá enxergar ameaças que o cliente não viu. E o contratante, por não ter vislumbrado, terá dificuldade em entendê-las, muitas vezes por serem mal expostas e não apresentarem respostas e conexões adequadas. Pelos motivos arrolados, estas soluções ficam à margem do Plano de segurança, numa tentativa errônea de barateamento dos custos. É fato que devem ser buscados meios para baixar ao máximo os gastos, mas nunca ao ponto de comprometer a integridade da segurança. Exemplo: uma fórmula exclusiva subtraída de um laboratório ou um bem roubado de uma joalheria são perdas inaceitáveis se pudessem ser evitadas com a adoção de medidas previamente levantadas, nunca é demais ressaltar que danos à vida são irreparáveis. Logo, a identificação deste tipo de inimigo passa necessariamente por estudo avançado do tipo de produto que se espera proteger e do valor do patrimônio envolvido, uma vez que estes ataques podem partir tanto de um assaltante – elemento externo – quanto de um espião na instituição e o sistema de segurança deve ser capaz de barrar estas intromissões.

Estudo de situação

O estudo de situação passa obrigatoriamente por adoção de várias técnicas no âmbito da segurança orgânica e é fato que não se deve considerar cada área a ser avaliada e estudada de maneira isolada. A segurança orgânica tem de ser compreendida como um sistema, um complexo de medidas interligadas que se complementam. O estudo isolado de cada área irá conduzir ao insucesso a implementação do projeto. Dessa monta, a solução na área de instalações está intimamente ligada às outras três áreas – Pessoal, documental e telemática, e estas àquela, reciprocamente. Muitas vezes, a solução ideal para um determinado estabelecimento esbarra no quesito preço. O profissional deve estar atento quando tentar adequar as soluções ao "bolso" da empresa para não baixar demasiadamente a eficácia do sistema. Solução de segurança é investimento e não gasto, esta é a temática.

Avaliação de cenário

Os anseios e preocupações do proprietário do empreendimento devem ser ouvidos e analisados antes mesmo de o profissional de segurança começar a projetar as soluções. Ao final, dentro de suas soluções – gerais – estes problemas têm de ser respondidos de maneira cabal e terminativa. O bom avaliador, além de solucionar os problemas visíveis, avança duas etapas à frente com o fim de detectar desdobramentos da falha sanada. Com relação à presença do avaliador no local, estar fisicamente seria o ideal, porém, considerando o avanço tecnológico admitem-se visitas virtuais.

Erros-falhas de concepção

Abaixo enumerarei algumas práticas que se traduzem em falhas no sistema de segurança, falhas estas que dão causa ao efeito inverso acima comentado. Quais sejam:

- **Acreditar que adquirindo uma arma terá resolvido todos os problemas de segurança!** Esquecendo que na maioria dos ataques os bandidos se valem da antecipação, do efeito surpresa e que sob estas condições até mesmo um policial treinado ficaria vulnerável! Uma arma em mãos erradas apenas representa um problema a mais. Ter uma arma significa treinamento e responsabilidades mesmo que seja apenas a posse.

- **Acreditar que uma pessoa, sem suporte adequado, será capaz de tratar da segurança orgânica de uma determinada instituição em sua totalidade** (conhecimentos de bombeiro, engenharia, segurança etc.). Todavia os talentos sempre nos surpreendem e o trabalho para se encontrar um tomaria além do tempo, muito dinheiro. O melhor seria contratar um bom profissional de segurança e primar pelo princípio da especificidade.

- **Acreditar que câmeras de vídeo, cercas elétricas ou guarda armada, isoladamente, resolvem qualquer tipo de problema de segurança.** Quem vende estes equipamentos os vendem como solução final de tudo que "assombra" uma empresa e por encantarem, por serem tecnologicamente envolventes, acabam sendo adotados indiscriminadamente e, por muitos, tidos como suficientes. Este erro é grave, pois ignora os outros ramos do sistema tornando-o comprometido. Outros optam pelo uso explícito da força – segurança armada – e do mesmo modo ignoram o fato de que o sistema é que terá de ser fortalecido e não um pequeno segmento. Não são raras as consequências desastrosas por parte destas contratações sem critérios.
- **Pensar que existe solução de segurança quase de graça.** Quanto vale a tranquilidade? Seus bens? A vida? Estas são indagações que se deve responder antes de contratar um eficiente sistema de segurança.

O custo benefício deve ser aferido. Gastar dinheiro com sistema falho é pior que deixar o empreendimento sem segurança. No primeiro caso – sistema falho – o proprietário e sua família relaxarão demasiadamente acreditando de modo errado que estão sendo protegidos, tornando-se, assim, alvo fácil para os invasores e delinquentes. Já no segundo caso ele sabe que não conta com nenhuma proteção e tomará medidas cautelares para se proteger – medidas estas que se traduzem em sistema natural de defesa. O ideal é a implantação de um sistema eficaz de segurança – sem excessos e sem faltas.

- **Acreditar que um vendedor de cerca elétrica e/ou de câmera de vídeo é profissional adequado para implantação de sistema de segurança.** Estes profissionais, quando muito, decoram trechos de fala ditados pelo fabricante com o fim de convencimento na hora da venda. O fabricante conhece o seu produto, porém, a adequação exata, a solução final para o problema apresentado pelo cliente, somente o profissional de segurança está qualificado a fornecer. O marceneiro que faz um berço não está qualificado para fazer o parto.

Alguns conceitos úteis

Inteligência

Conjunto organizado de procedimentos que, sistematizados e coordenados, servem para nortear as atividades operacionais de uma entidade.

Contrainteligência

Conjunto de ações organizadas e sistematizadas que tem por objetivo dar proteção às principais atividades de certa entidade.

Compartimentação (segredo)

É a proteção aplicada às atividades de uma entidade no sentido de não deixar que determinada informação chegue ao conhecimento de terceiros. Este procedimento evidencia grande respeito e profissionalismo uma vez que priva determinadas pessoas, que não precisam ser contaminadas com informações que não lhes dizem respeito. Esta prática é bastante difundida dentro dos organismos que tratam com inteligência e até mesmo na iniciativa privada (POLÍCIA FEDERAL, Coca-Cola, FBI etc.).

Contrainformação

Trata-se de movimento operacional que tem como fim manter protegidas as informações que, por motivos operacionais, precisam ser dissimuladas ou ocultadas. Falando popularmente: "usa-se uma estória fantasiosa para esconder/proteger a informação" melhor uma mentira tecnicamente contada.

Criptografia

Grosso modo é o uso de técnica que permite a partir de um documento original que se faça outro completamente ilegível que só será tornado "legível" por quem tenha o segredo previamente acertado. Ou seja, é a colocação de uma "fechadura" no documento, com a entrega da chave apenas para quem possa ler. Estude a possibilidade de combinação de criptografias para documentos digitais sensíveis.

Senha forte (para documentos)

É a materialização do uso de criptografias. A senha que dificulte a sua quebra deve conter: mínimo de 14 caracteres entre símbolos, letras maiúsculas, letras minúsculas e números. Seja criativo. Eis um exemplo:

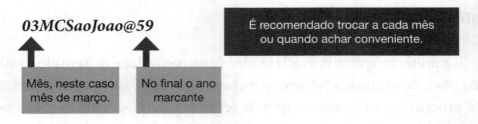

Fontes abertas

Banco de dados aberto ao público em geral bastante eficiente para busca de dados do tipo: nome, endereço, relacionamento etc. Ex.: Google e sites de Tribunais Criminais.

Falso alarme

Evento indesejável que consiste no acionamento indevido dos sistemas de vigilância, exemplos: alarmes acionados por animais rasteiros, cercas elétricas acionadas por galhos secos que caem etc. Muitas vezes um bom posicionamento ou poda estratégica pode resolver tais problemas. Contudo estas ocorrências também têm sua aplicabilidade no treinamento em que se busca testar a eficiência e atenção do corpo de segurança.

Cultura de segurança

Cultura de segurança é a consciência voluntária da coletividade de um determinado estabelecimento no sentido de cumprir todas as regras e imposições de segurança em prol da integridade do sistema.

ÁREAS DE ATUAÇÃO

1. PESSOAL

Plano de Segurança Orgânica – PSO – Tem como base a conscientização do pessoal, logo, dispensarei um tempo maior em torno deste assunto, tendo em vista a sua importância no contexto geral.

Não se pode tratar de pessoal de forma genérica, há necessidade de dividir o assunto em fases complementares. Eis os tópicos que reputo como sendo os mais simplificados e mais eficientes:

Processo seletivo

Quando da montagem do quadro de funcionários o profissional de segurança deve atentar para o histórico de vida do contratado. Esta observação é importantíssima para o conhecimento e avaliação dele, não só pelo fato de mostrar quem o contratado é, mas para subsidiar atividades no decorrer do cumprimento das tarefas no cotidiano, assim, uma boa técnica é solicitar referências (parentes, amigos, vizinhos e comercio local). Podem-se aliar a estes procedimentos consultas às fontes abertas. Consultas a sítios de Tribunais criminais também são indispensáveis.

Processo seletivos

Testes coletivos são, relativamente, simples, devem ser montados de acordo com as características do cargo ofertado, deve-se procurar ouvir o candidato, uma boa dica é indagando sobre o passado, perguntando onde o pretendente esteve nos últimos anos e o que fez durante este tempo. Peça referências pessoais e empregatícias da época e confronte com as informações prestadas. O objetivo da segurança é se antecipar aos objetivos escusos de determinados bandidos que almejam o ingresso em repartições públicas ou empresas para praticar atividades delituosas. A segurança tem de estar vigilante, sem, contudo, causar constrangimentos às pessoas de bem. A estes procedimentos poderíamos somar também outros tipos do gênero, tais como: entrevista, prova de conhecimentos gerais, prova de conhecimentos específicos, teste de habilidades desejáveis etc., porém tenho como passada a ideia da necessidade de um teste seletivo adequado ao tipo do negócio, tudo elaborado e acertado pelo profissional de segurança, subsidiado – quando necessário – por outros ramos específicos.

Credenciamento

Para implementar o credenciamento pressupõe-se que foi satisfatória a contratação. Aqui se estabelece, ao novo funcionário, as diretrizes da entidade e o que se espera dele no desempenho de suas funções. Também é nesta fase que o funcionário toma conhecimento da doutrina sobre segurança da corporação e qual será o seu papel no sistema. As normas de segurança devem ser enfatizadas, bem como as punições caso ele descumpra com o estabelecido pela companhia. A empresa deve deixar claro que dispõe de mecanismos de controle eficazes, prontos para punir ou premiar atos.

Confirmação

Este é o momento em que o funcionário novato toma conhecimento de sua rotina, receber chaves e conhecer os demais companheiros, em suma, é chegada a hora de conhecer toda a entidade. Contudo, é aconselhável ir graduando as informações de acordo com o tempo de casa e o acréscimo do grau de confiabilidade do recém-chegado.

Desempenho da função

A vigilância paranoica e a valorização do caos devem ser combatidas com treinamento e equipamentos modernos. A cautela e a vigilância não podem dar lugar ao medo e ao desespero, trazendo à tona males de procedimento tais como: o efeito "lâmpada acesa" (estresse continuado) que se traduz pela instalação de pânico e do medo desencadeados por ocorrência do passado. A segurança orgânica deve ser programada de modo a dar ao profissional no desempenho de suas funções um mínimo de garantia com objetivo de minimizar os efeitos da tensão do dia a dia, trazendo um conforto e segurança para o desempenho dos trabalhos. Quando se programa um plano de segurança orgânica o profissional determina um rol de procedimentos que devem ser seguidos sem maiores questionamentos. Não se tem a intenção de tolher a capacidade intelectual do aplicador da segurança, porém, há necessidade de se objetivar ao máximo as ações desses profissionais visando à neutralização de atitudes subjetivas, pois nas subjetividades é que aparecem os abusos e, no caso de um estabelecimento particular, estes abusos se traduzem em dano moral e material – isto se não configurar conduta mais grave – sempre refletindo em aspectos financeiros como prejuízo.

No desempenho das funções de segurança, o responsável pela fiscalização além de primar por regras claras e práticas deve verificar se o que foi determinado está sendo cumprido. Deve também estar atento para padronizar adaptações positivas adotadas no dia a dia. Ex.: subterfúgio encontrado por funcionário (quebra-galho) que inicialmente não estava previsto e no decorrer dos trabalhos se mostrou eficiente.

Nada impede, contudo, de o profissional de segurança adotar esta nova ideia ao conjunto de soluções oficiais da Empresa e difundi-la aos demais servidores. Cabe ao departamento de pessoal manter uma constante entrevista com os funcionários observando mudanças de comportamento, carências e dificuldades que possam vir a surgir. Em se tratando de segurança, o acompanhamento é fator inibidor de surpresas desagradáveis – conheça o seu funcionário, não basta contratar e soltar no pátio de trabalho, o acompanhamento pode atender tanto uma demanda ligada à segurança, quanto trazer uma solução para aumento do lucro, trata-se de atividade primordial.

Outro ponto crucial para manter a saúde de segurança da empresa é o treinamento ou reciclagem. Basicamente, toda e qualquer ação voltada à segurança orgânica leva em consideração os aspectos humanos, daí a necessidade de capacitação periódica do pessoal tanto para agir quanto para proteção de forma passiva. Neste contexto, temos no treinamento a base sólida de toda a engenharia de segurança.

Esta certamente não é a postura esperada de um agente de segurança em seu posto de trabalho. Fatos como estes são perfeitamente evitáveis com controle e comprometimento do profissional; ministrar cursos de postura e etiqueta também é oportuno para inibir falhas.

Fonte: http://www.google.com.br/imgres?imgurl=http://s.ytimg.com/vi/WO5E5cu_xaQ/3.jpg&imgrefurl=http://divxklip.org/tag/milit%

Treinamento do agente de segurança

Condicionamento físico

O condicionamento físico é um grande aliado do profissional tanto no aprendizado de técnicas operacionais quanto na prevenção de acidentes. Saúde e coordenação muscular devem estar dentre as preocupações do curso de formação técnica do agente de segurança e devem ser aprimoradas, testadas e fomentadas pelo agente formador. Se colocarmos uma arma de fogo na mão de um indivíduo despreparado é o mesmo que criar um carrasco contra si mesmo. O condicionamento físico (cursos ou reciclagens) é importante para todos os cargos.

Treinamento Específico ou Técnico Operacional

A especificidade é outro ponto que deve ser observado. Até o agente "faz tudo" tem a sua especialidade e será encaixado dentro de suas funções e limitações. Neste treinamento, deve-se enfatizar a técnica operacional (tiro, defesa pessoal, inteligência, comunicação, etiqueta, uso da força, armas não letais etc.) aplicada à função do dia a dia e aprimorada sempre que exigido. Exemplo prático é o de guarda costas de criança, este obrigatoriamente terá de adaptar técnica de fala e de ação voltada para o protegido. Assim como as técnicas de salvaguarda da vida, ou seja, haverá necessidade de se adequar os primeiros socorros... Neste contexto a adaptação será de acordo com o protegido, seja ele uma criança, um adulto, um ancião ou um animal. O mais eficiente, necessariamente, será o mais específico.

Neste exemplo o porteiro teve de se deslocar para complementar a identificação do visitante. Sua segurança e a eficiência dos serviços ficaram comprometidas. Note que uma simples identificação rotineira ocupou dois funcionários. Em completo desacordo com o "triângulo de sobrevivência policial" em que tem como escopo a junção de três elementos como determinantes das chances de sobrevivência de um agente de segurança e os itens deste conjunto são: a técnica, a tática e o controle emocional, que aqui adaptamos para a atividade do segurança. Vejamos de forma sucinta cada um destes elementos:

- **A técnica** – Diretamente relacionada com o preparo físico e diz respeito ao conhecimento que o agente tem do equipamento que emprega: seja arma de fogo, gás, cassetete etc., a intimidade do agente com o equipamento determinará o nível de sua técnica.

- **A tática** – Quanto à tática, exige-se inteligência no uso do equipamento para externar um bom desempenho. Exemplificamos com o caso de um agente que tem a obrigação de barrar a entrada de alunos baderneiros em uma faculdade e pode fazer uso do gás ou de arma de fogo. O ajuste correto da força e da maneira de agir são pressupostos de uma boa tática.

- **O controle emocional** – este é determinado pelo histórico de vida de cada pessoa e não tem meios de ser adquirido. O controle emocional diz respeito à tranquilidade e capacidade de raciocínio diante de uma situação de estresse. Modernamente, existem treinamentos que irão dar um pouco de confiança ao indivíduo, porém controle emocional diante de situações de risco é atributo inerente à personalidade de cada um e deve ser aferida quando o agente está em período de formação nos diversos cursos de segurança, devendo esta característica individual, obrigatoriamente, fazer parte do perfil ideal de um bom profissional.

"Kits" de invisibilidade

Toda segurança parte de estudos dos costumes de uma determinada comunidade, logo, segurança depende diretamente da cultura da localidade onde está sendo aplicada. Embora haja variações de atuação em vários povos é importante ter em mente alguns estereótipos que perseguem e minam a segurança. Isto se deve às falhas encontradas no sistema de segurança, mesmo porque a sua base conta com elemento humano. Para minimizar e reforçar a integridade do conjunto de segurança, é importante primar pela padronização dos métodos aplicados, concomitantemente com a capacidade de atualização e antecipação aos problemas advindos no cotidiano. Neste passo, o problema surge quando o executor de segurança, por falta de padronização, é levado a flexibilizar atuação, subjetivando medidas que não caberiam a ele, relaxar. O fato é que se uma ocorrência imprevista repetir com frequência, imediatamente, o chefe de segurança tem de padronizar a solução e, depois de difundir, cobrar sua aplicação. Com todas estas observações sabe-se que existem algumas ocorrências que induzem o executor de segurança a buscar resposta no rol cultural em que se encontra inserido. Estas ocorrências se traduzem como verdadeiros mantos de invisibilidade que tanto prejudicam a segurança, quais sejam:

- **Homem ou mulher bem vestidos:** neste caso o segurança, num primeiro impacto tende a afrouxar a guarda e se portar como inferior ao figurão que se apresenta. É comum o invasor dirigir-se ao segurança dando-lhe ordens de fácil resolução, do tipo: "– Quando fulano passar por aqui, mande procurar o doutor cicrano, ou, diga que estou de terno cinza...". "– Fique um pouco mais na porta e não perca a chegada do doutor fulano." No treinamento, deve-se massificar a padronização comportamental com o fim de fazer frente a estes preconceitos.

- **Caixa de pizza ou comida rápida:** em quase todo o mundo e a qualquer hora do dia ou da noite uma boa pizza é alimentação bem-vinda... A este fato somamos as inúmeras empresas que produzem estes alimentos e a rotatividade grande dos "motoboys" que contribuem para que se facilite o acesso de entregadores aos diversos tipos de entidade ou empresa. É sabido que estas ocorrências são comuns em todo estabelecimento e o importante é que o plano de segurança orgânica contemple estas situações e discipline a atuação do funcionário de segurança adotando medidas que inibam a ação de bandidos que se aproveitam dessas facilidades.

- **Uniforme dos correios:** preste atenção na rotina da empresa responsável pelas correspondências, estas empresas quase sempre têm entrada franqueadas de pronto. Os correios gozam de credibilidade que, muitas vezes, é explorada por invasores, que aproveitam da falta de sistematização e acompanhamento destes funcionários. O registro, mesmo que diário, de todos os que entram no estabelecimento colocaria fim numa possível fraude. A entrada deve ser guarnecida de sistema que registre a face do visitante. O uso de bonés e capacetes devem ser controlados na hora do registro fotográfico. Mesmo funcionários dos correios, Cia. de energia e Cia. de água devem retirá-los para identificação fotográfica.

- **Policiais fardados ou à paisana:** nestes casos não cabe maiores questionamentos. Felizmente, a maioria dos policiais quando faz uma diligência em um estabelecimento o fazem calcados em procedimentos investigatórios formais. Assim, não cabe questioná-los sobre sua diligência ou qualquer outro procedimento. Pensemos em um caso hipotético em que um executor de segurança indague para o policial qual o seu destino e o que vai fazer e este policial – erroneamente – quebra o sigilo de sua investigação. Neste caso, se algo der errado, o vigia ficará comprometido, pois tomara conhecimento dos fatos, tornando, assim, suspeito de possível vazamento que possa vir a ocorrer. Logo, o correto para estes casos é: identificado como policial anote placas e cor do veículo para subsidiar futuras averiguações e franqueie a entrada de pronto. O registro das câmeras de vídeo é aliado importantíssimo para eventualmente fazer algum reconhecimento.

- **Uniformes padronizados:** dependendo da instituição basta que o invasor se caracterize com uniforme comum naquela determinada instituição. Ex.: num hospital basta jaleco branco e estetoscópio no pescoço e o acesso é garantido; num quartel, farda de "capitão"; supermercado, uniforme de representante famoso; condomínios horizontais, basta uniforme de atleta e assim cada empreendimento tem o seu ponto fraco, que deverá ser observado. A criatividade é grande e adaptações são feitas de acordo com o caso concreto. Cabe ao profissional de segurança ficar atento em sua instituição e se antecipar a estes casos.

Efeito surpresa

Trata-se de técnica de antecipação das ações. O efeito surpresa é aliado do profissional de segurança em suas ações. O ideal é o agente de segurança sempre se antecipar aos acontecimentos, e, de supetão, "abordar" o invasor. O problema está não na utilização do efeito surpresa, que inegavelmente é tido como um trunfo para quem faz uso dessa técnica, mas sim quando membros da entidade são acometidos dos efeitos negativos do efeito surpresa. O plano de segurança orgânica deve contemplar também essas ocorrências e lançar mão de equipamentos eletrônicos, guaritas blindadas e de procedimentos que dificultem a antecipação do invasor. É possível, com treinamento e técnicas, inverter a posição na aplicação do efeito surpresa e isso é facilmente identificável nas barreiras policiais onde inicialmente os policiais estariam em desvantagem. Porém, as barreiras são colocadas em locais onde o condutor é surpreendido quando sai de uma curva e cai direto numa contenção policial e não consegue de imediato planejar suas ações. Os policiais, neste caso, se valeram da técnica e se colocaram em situação de vantagem. Não é raro quando estamos dirigindo em autoestrada, depois de uma curva ou descida íngreme nos depararmos com radar de velocidade.

Uso Progressivo da Força – UPF

Trata-se, superficialmente, de prática moderna adotada em vários Países. O UPF, ao ser adotado por profissional de segurança demonstra que ele está treinado de acordo com as mais novas tendências mundiais, porém, o que realmente interessa é a garantia de que o funcionário em seu posto de serviço terá efetivamente a alternativa de colocar em prática este avanço de ação; por isso acreditamos que equipamento e treinamento são os grandes pilares da aplicação do Uso Progressivo da Força.

Esquema para aplicação da força

Lembremos que para o uso progressivo da força além de treinamento, há de se ter bom senso e discernimento do aplicador da reprimenda, porém, montamos um esquema que delimita e gradua a atuação do segurança, que é:

- **Postura:** o agente de segurança deve se portar de maneira técnica e estar convincentemente armado com o fim de causar impacto psicológico de pronto no pretenso agressor, inibindo a atuação delituosa, observe que nesta fase o diálogo deve ser comedido, note que existe o setor de informação próprio para esclarecimentos de dúvidas e conversas paralelas não serão bem-vindas para a segurança.

- **Diálogo:** nesta fase o agressor já avaliou a situação e psicologicamente se colocou numa posição de superioridade (que pode ser física ou mental). É fato que o silêncio, mal colocado, ajuda a reforçar a tese de fraqueza, inicialmente percebida no psicológico do agressor; logo, o agente deve impor com tom de voz adequado e uso de termos firmes e técnicos de fácil compreensão, deixando claro que está atento aos fatos e que se preciso for usará de todos os meios para contenção, demonstrando os prejuízos que atingirão o agressor, enfatizando a superioridade do agente de segurança. Esta atuação de maneira alguma deve ser compreendida como uso da brutalidade verbal, nem tampouco uso de palavrões e baixarias, aqui o profissional de segurança se baseará nas técnicas de gerenciamento de crise, geralmente encampada por superior hierárquico, porém, na impossibilidade, comece a agir.

- **Armas não letais:** começa a fase de aplicabilidade prática dos equipamentos. É importante para o êxito do uso destes equipamentos a aplicação certa de cada medida aferida no caso concreto. Não se deve usar força demasiadamente, nem utilizá-la de maneira precária. O meio escolhido deve ser bastante para dominar o agressor: não tente dominar um notório especialista em artes marciais com aplicação de imobilizações e chave de braços. Neste caso específico, uma pistola de choque ou jato de gás seria o mais recomendado. Jamais peque pelo excesso, porém se errar para menos na aplicação da força a sua vida poderá ser o preço cobrado. É importante lembrar que após a utilização de qualquer tipo de armamento, seja ele letal ou não, fica o aplicador da defesa responsável pelo socorro do atingido.

- **Armas letais:** se alcançado este patamar de ação é porque as etapas anteriores falharam e o agressor está diretamente ameaçando a vida do segurança ou de terceiros. Neste caso, a lei certamente protegerá a ação do profissional de segurança. Esta ação pode ser mitigada, abrandada, se, por exemplo, o profissional tiver condições técnicas e psicológicas para efetuar um disparo de arma de fogo em membro não vital do agressor, obstando assim a sua investida. Na teoria, este pensamento é perfeitamente plausível, porém, em situações de intenso estresse em que está submetido um profissional, pode ser inviabilizada a sua aplicabilidade. Ênfase para o treinamento e reciclagens.

Limite ao Uso da Força

Sem prejuízo das responsabilizações pessoais do agente agressor, o **uso abusivo** da força atinge de forma reflexa e com grande repercussão financeira o proprietário do estabelecimento e/ou o responsável pela segurança. Este motivo isoladamente justifica a implantação de regime rígido de reciclagem e treinamento com o fim de manter seu pessoal preparado e pronto para ação eficiente sem exageros ou faltas. A grande maioria dos abusos acontece por insegurança e despreparo por parte dos agentes responsáveis pela contenção; aliás, o treinamento é de suma importância, não só para inibir o uso abusivo da força, mas também como medida crucial para evitar acidentes do tipo: acionamento de pistola elétrica no coldre, gás de pimenta ou lacrimogêneo contra o vento, dentre outros. O importante para manter a atuação dentro da cobertura da lei é aplicar critérios objetivos: (dominou o agressor, parou o uso da força). Uso da força deve ser visto como espelho – sempre refletir a violência recebida – muita violência = muita força // nada de violência = nada de força.

- **Armas letais:** geralmente estamos falando de armas de fogo e para sua utilização o caos estará instalado; o diálogo fracassou e o agressor parte para agressão física ao segurança ou a outrem com ameaça real à integridade física. Nestes casos, a Legislação Penal deve admitir a reação, mesmo que, para pôr fim ao ataque, o agredido ou terceiro atente contra a integridade física do agressor. A discussão é longa e ampla e mais uma vez o discernimento e a lógica são atributos indispensáveis para esta tomada de decisão. Note que existe a possibilidade de um armamento não letal ser considerado armamento letal, inclusive.

- **Conhecimento teórico:** todos devem ter o mínimo de base teórica – nivelamento. A teoria é o fundamento inicial de qualquer treinamento, é ela quem dará sustentáculo para o aprimoramento do pessoal. Neste treinamento, devem-se disponibilizar fontes, tais como: livros, apostilas, leis etc. A teoria leva em conta o conhecimento geral que consiste em firmar aspectos ligados à filosofia da empresa. Pode dar ênfase também às aulas do tipo: etiqueta aplicada, história, cartografia e cenários, noções de psicologia e conhecimento do comportamento humano e gerenciamento de crise. A agressão aqui considerada sempre partirá do ser humano e o autoconhecimento ajudará na resolução dos problemas que aparecerão no desempenho da função de segurança. Importante notar que existem outras agressões advindas da natureza por exemplo ou de um animal, porém estas serão tratadas quando planeja ao tópico da Prevenção de Acidentes.

Remuneração

A segurança segue a regra geral: quanto mais específico maior a remuneração e falar em remuneração do pessoal da segurança é importante porque um dos quesitos que ensejam a insatisfação do empregado é exatamente a má remuneração e, em se tratando de segurança, manter o nível pago no mercado é sinal de minimização de problemas e manutenção da fidelização. Aqui, salário pago em dia, cálculo correto de horas extras são uma questão de segurança, outro ponto que devemos considerar como extremamente importante é não se afastar da condição social de quem protege o seu patrimônio, pois em alguns casos por exemplo: Jogos de azar, drogas, doenças etc. Exigirá interferência do contratante, mesmo que seja para desligamento. Mais uma vez enfatizo que o produto que se lida no ramo de segurança não admite erros básicos e de fácil percepção. Numa negociação em que se pechincha muito o inegociável, a sua integridade física pode fazer parte da diferença salarial almejada pelo "segurança" – desconfie dos que oferecem preços abaixo do mercado.

Padronização de procedimentos

A padronização, além de dar solidez ao sistema de segurança, serve como defesa para os agentes que operam no dia a dia. Para atingir este estado de segurança, exige-se apenas o fiel cumprimento da metodologia estudada e recomendada pelo profissional de segurança. A aplicação de normas claras, impessoais e dentro da lei ilide a maioria dos ataques de impostores, que atacam exatamente onde falta padronização e sobra flexibilização na execução dos serviços. Neste passo, ao agente de segurança é vetado inovar em cima da base fornecida pelo profissional de segurança. Para alcançar resultados positivos, neste campo, é necessário controle e normas rígidas, flexibilizáveis, apenas, por quem tenha poderes e conhecimento para tanto, ou seja, a todos deve ser dispensado o mesmo tratamento e eventuais quebras de procedimentos devem necessariamente passar pelo crivo do supervisor ou "subchefe".

Desligamento de agentes ligados à segurança

O desligamento é um ato delicado e deverá, sempre que oportuno, ocorrer de maneira serena e tranquila. Lembre-se de que haverá uma ruptura na relação que era cercada de expectativas tanto por parte do funcionário quanto por parte da empresa. Este rompimento – como em qualquer outro – deve ser bem trabalhado para que o trauma seja o menor possível. O motivo que leva ao desligamento é fator que serve como base para a aplicação de técnicas de "esfriamento" em nível maior ou menor. Eis algumas recomendações:

- **Esfriamento**: primeiro transfira o funcionário que está sendo desligado – se não for possível fazê-lo antes, faça no prazo do aviso – para um setor mais destacado, um setor que seja possível submetê-lo a um isolamento quanto às questões cruciais da empresa. Nesta fase, é importante o recolhimento de chaves, crachás, credenciais e documentos que em virtude do cargo o funcionário tinha acesso. Demonstre que você será uma boa referência, saliente que uma boa recomendação da empresa abrirá novas portas e este posicionamento por parte da empresa dependerá diretamente das atitudes do funcionário.

- **Entrevista final:** faça o funcionário entender que a empresa mantém uma vigilância jurídica e que está pronta para atuar quando um prejuízo é potencialmente identificado (vazamentos, furto de listas de clientes, fórmulas, plantas etc.). A instituição deve demonstrar firmeza e superioridade não se afastando do tom amigável e educado. Não confunda a entrevista final com ameaças ou coisas do gênero.

- **Controle após o desligamento**: por último, implante uma boa política de contrainformação: desinformando e trocando senhas e chaves – se necessário. Sempre que possível veja em qual a atividade o seu ex-servidor se encaixou. Uma boa maneira de acompanhá-lo é manter sua ficha atualizada por um período de tempo que será maior ou menor a depender das circunstâncias do desligamento. Faça algumas ligações para o ex-colaborador, demonstre acompanhamento, indague sobre o novo emprego. Este tratamento diferenciado dispensado após o desligamento deve ser aplicado com mais ou menos intensidade, considerando o nível de informação que detinha o ex-funcionário.

2. ÁREAS E INSTALAÇÕES

Sem a menor dúvida, esta área da segurança orgânica é a mais visada e a mais exposta e sobre ela pairam mitos e confusões, que no decorrer das explicações tentaremos dirimi-los suficientemente. A polêmica é tanta que muitos a confundem como sendo todo o sistema de Segurança orgânica, embora saibamos se tratar de apenas um ramo específico do complexo de segurança. Este engano leva o desinformado profissional a observar apenas este ramo em questão e quando chamado para resolver uma crise na segurança, ele não observa os demais setores, eivando de fracasso todo seu serviço. Por conta dessa desinformação é que muitos acreditam que cerca elétrica e câmera de vídeo resolvem todos os problemas de segurança, ao passo que para se completar o processo e obter segurança exige-se muito além da implementação de dois simples dispositivos periféricos. É lógico que estes elementos, quando usados de maneira profissional e aliados a outras soluções, colaboram em muito com o sucesso do projeto, porém, somente se aliados a outros elementos, bem estruturados e pensados dentro de um grande sistema de segurança. As instalações físicas são objetos de estudo deste ramo e vamos, além de resolver as dificuldades apresentadas pelo contratante, solucionar outros com base na aplicação de técnicas modernas de segurança. É bom lembrar que o ideal seria trabalhar desde a origem do empreendimento, ou seja, quando um empresário deseja montar um determinado negócio, ele deveria inicialmente pensar em segurança e procurar um profissional qualificado para fazer uma análise de risco e, sob esta análise, montar um plano desde a origem do empreendimento, barateando o investimento em segurança.. Isto posto, a busca de um profissional de segurança Orgânica no início dos trabalhos significa menores perdas e maiores ganhos.

OFENDÍCULOS

O uso de obstáculos do tipo lanças, muros com pregos, cercas elétricas etc., são meios autorizados e úteis que se bem planejados são de grande ajuda para segurança das instalações. Os ofendículos só trarão resultados positivos para o cliente se instalados seguindo regras rígidas e técnicas apuradas, observando sempre os outros ramos do sistema de segurança. Estes instrumentos de proteção se usados indiscriminadamente trarão resultados desastrosos para a empresa, residência ou entidade, por isso, recomendamos profissionais sérios e reforçamos a necessidade de fazer estudo de risco e contemplar a integração da segurança; não são raros arranjos mal-feitos que terminem em insegurança e prejuízo. O tratamento adequado quando se programa solução para segurança das instalações passa necessariamente por análise aprimorada da localização da empresa: – levam-se em conta os vizinhos, se a local está perto de rodovias ou de vilarejos, bem como o tipo de público que frequenta o local, a existência de posto policial, enfim, uma série de fatores externos que influenciarão na solução recomendada. A visita do profissional é imprescindível, pois só ele é gabaritado para adequar, com precisão, as necessidades do contratante às inovações tecnológicas do mercado. Muitos "Tudólogos" (leigos formados pela TV) se aventuram como "experts" e recomendam soluções inadequadas para o fato concreto, atitudes estas que, além de irresponsáveis, banalizam o ambiente de segurança orgânica e expõem vidas.

Exemplificamos aqui alguns erros básicos:
- Muro baixo de empresa que lida com químicos próximo a escolas.
- Segurança armada com TASER (pistola elétrica) dentro de depósito de gás inflamável.
- Cerca elétrica fora das especificações – em colégios ou em outros estabelecimentos.

Alie-se a estes erros o fato de muitos dos produtos serem instalados sem obedecer às normas técnicas e muitos dos profissionais portarem equipamentos sem o menor preparo. Se passarmos observando veremos: cercas elétricas instaladas muito baixas ou próximas de árvores e galhos ou em alambrados que permitam escaladas, câmeras de vídeo apontadas para o nada etc. Os erros são vários e as soluções passam necessariamente pelas mãos de profissional habilitado e munido de ferramentas adequadas. Sem este cuidado, o que seria solução pode traduzir-se em "dor de cabeça" em curtíssimo tempo.

Delimitar perímetro

Visa sinalizar as áreas tidas como sensíveis e restringi-las por meio de barreiras visando o controle do acesso. A delimitação serve tão somente para proteger pessoas, informação ou coisas. Para isso, a delimitação deve ser integrada aos demais procedimentos, daí a máxima de segurança integrada. Um delineador eficiente é a separação de áreas sensíveis por andares, se possível. Se esta não for uma realidade plausível, pode-se também implantar por setores e até por salas usando senhas pessoais, cartões magnéticos ou reconhecimento digital. Três são as fases clássicas da delimitação de áreas:

1. **Identificação:** trata-se da definição das áreas (livres, restritas e sigilosas). Estas divisões norteiam os funcionários da segurança no sentido de manterem vigilância encaminhando os usuários da instituição para os setores respectivos. Se puder contar com a facilidade da separação por andares, já nos acessos aos elevadores pode-se começar a fazer a triagem do público. Se esta não for a realidade local, as barreiras devem ser implantadas nas portas das salas, nos corredores ou nos setores. Para todos estes casos, cabem a utilização de barreiras eletrônicas com leitores de crachás e biometria.

2. Demarcação: estabelecer limites, colocar cercas, paredes e muros, e finalmente;

3. Marcação: utilização de linguagem clara ou códigos para manter o público informado sobre a sensibilidade de cada área, isto porque o acesso autorizado a um grupo de servidores, muitas vezes, se faz desnecessário a outro grupo e as informações devem ser rigidamente controladas e mantidas sob o domínio de quem delas necessitar para desempenhar suas funções e por elas responderem numa eventual prestação de contas. Neste passo, um dos métodos mais eficientes é focar o controle no objeto do comprometimento no ser humano. A delimitação dos locais onde cada servidor poderá ter acesso é condição para obter eficácia nas ações de segurança. Vejamos um exemplo real: em uma determinada instituição, existia uma rigorosa demarcação de área. Servidor da área operacional não tinha acesso à área de inteligência e vice-versa; visitantes não tinham acesso a nenhuma dessas áreas. Tudo sob uma vigilância acirrada pronta para ação se detectada uma menor distorção. Um servidor – comprometido por vínculos trabalhistas típicos de carreira – não podia entrar em setor diverso do seu. No entanto, a funcionária da faxina e a funcionária do cafezinho, ambas terceirizadas e sem vínculo contratual com a entidade na qual prestavam serviço, podiam circular livremente por todo o prédio e, o mais grave de tudo, não existia controle sob o seu documento de acesso – crachá. Elas podiam livremente levar para casa sem nenhuma indagação. Este fato demonstra que, em se tratando de segurança, os mínimos detalhes fazem a diferença. Saiba que o invasor tem tempo para pensar nos detalhes mais absurdos que se possam imaginar. É função do profissional de segurança se antecipar a estes erros e aumentar a força do sistema. Também sobre este assunto é oportuno consultar a legislação vigente, dispenso o trabalho de citá-las tendo em vista as constantes adaptações legislativas.

IMPLANTAÇÃO DE BARREIRAS

Uma vez reconhecida a necessidade de delimitar as áreas faz-se necessário implantar os obstáculos que realmente irão impor a inviolabilidade do setor. Para tanto, há necessidade de se observar temas chaves tais como: reconhecimento de fluxo/rotina, grau de sigilo, credenciamento (necessidade de conhecer), barreiras mecânicas e eletrônicas e controle de acesso que passarei a discorrer:

Reconhecimento de fluxo/rotina

Trata-se de um estudo detalhado da rotina da entidade/empresa. Deve-se observar o volume de pessoas que entram, destas, quantos funcionários e usuários, prestadores de serviços terceirizados e outros. Devem-se verificar os horários de pico levando-se em conta os locais de maior acesso. Verifica-se também como funciona a saída de serviços, bem como a entrada de insumos e produtos. A entrega de correspondência é outro ponto a ser observado, juntamente com os acessos a telefones públicos e bancos. Somente depois de avaliada a característica do público e a frequência dos acessos ao local é que se recomenda qual tipo de barreira ideal será implantada em cada caso.

Grau de sigilo

É a graduação de mistério que se atribui a determinado setor considerando sua importância estratégica para a integridade econômica da empresa ou entidade. Esta fase evidencia a aplicabilidade dos princípios de segurança orgânica, levando em consideração informações colhidas nas fases anteriores. Buscam-se dentro da empresa os pontos mais sensíveis, bem como os bens que necessitam de proteção e as informações que deverão ser mantidas em segurança. Resumindo, atribuem-se maior atenção aos bens de maior valor. Exemplificamos: em um banco o horário da abertura do cofre e o montante de dinheiro que se tem são informações valiosíssimas, logo o grau de sigilo será, nestes pontos específicos, maiores.

Credenciamento (necessidade de conhecer)

Este credenciamento levará em conta quem tem a necessidade operacional de conhecer determinado assunto e em cima disso deve ser franqueado seu ingresso.

Este procedimento é necessário para distribuir os acessos de modo ordenado e controlado. Um sistema carregado de barreiras desnecessárias jamais alcançará o desejado efeito satisfatório, isto porque, pela complexidade apresentada e pelo problema criado, ninguém o respeitara. Nestes casos, ele servirá tão somente para cravar o fracasso na execução da segurança e na operacionalidade do estabelecimento.

Barreiras mecânicas e eletrônicas

O mercado é um aliado fortíssimo quando se busca soluções de segurança e neste passo toda solução deve necessariamente passar por buscas de inovações tecnológicas vigentes no mercado. Produtos que ontem resolviam um determinado problema, em curto espaço de tempo não mais atenderão ao mercado de segurança, seja pelo custo, seja pela ineficiência. Esta adequação deve ser observada em todas as fases da implantação do sistema, porém, quando se fala em solução de barreira mecânicas o mercado é vasto:
1. Barreira educativa: esta barreira não visa deter o invasor, a sua presença apenas indica uma parada com apelo pela educação e pelo bom senso do usuário – ideal para condomínios e centros de compras que funcionam aliados a sistema de câmeras de TV onde o simples ingresso do invasor não causa maiores traumas. Ex.: depósito de supermercado, almoxarifados etc.
2. Barreira para intimidar ou de advertência: bastante usada quando se deseja chamar atenção do usuário que pode ser amigo ou inimigo. Este tipo de barreira é usado com a intensão de fazer um pré-filtro com liberação controlada por catracas.

3. Barreira de contenção: esta barreira visa frear, parar, obstruir a passagem, pôr fim ao movimento, não deixar entrar o invasor. Hodiernamente usamos este tipo de obstáculo em presídios, bancos, embaixadas, barreiras policiais etc. Exemplos disso temos muros dobrados, estacas de aço, cavaletes limitadores, cones de concreto e ferro, esteiras de ganchos etc.

Considerando o exposto acima, vemos que a função da barreira é que determinará o material a ser usado quando da implantação do sistema. Simples controladores de alumínio tipo sobe e desce não são bastantes para uso comercial ou governamental em locais onde exigem uma contenção do invasor. Também não justifica colocar uma barreira de grande impacto num determinado local onde o controle tem de ser flexibilizado no decorrer dos trabalhos.

Manutenção

A eficiência dos equipamentos instalados está diretamente relacionada com a manutenção adequada e constante, por outro lado, a sua falta coloca em situação de ineficiência total o sistema de segurança.

Observamos na foto acima um erro de fácil resolução se adotada a rotina de manutenção e informação técnica de segurança. Observe que o segurança incorreu em erro quando, com conhecimentos reduzidos em eletrônica, tocou com o dedo desnudo determinado mecanismo elétrico, com o intuito de fazê-lo funcionar. Trata-se de solução caseira que pode gerar custos irreparáveis. A manutenção é fundamental para que problema deste tipo não force funcionários a cometerem insanidades como estas. De nada vale um equipamento de primeira qualidade se não houver manutenção adequada.

Neste caso específico, além da fenda exposta, onde um homem magro pode facilmente passar, ainda temos uma cerca elétrica mal instalada logo acima do alambrado – formato tipo escada. A pouca altura e o formato irregular poderiam vitimar uma criança que inadvertidamente escale o alambrado e toque a cerca. É fácil a identificação de sérios problemas na implantação da barreira em tela e visivelmente pode-se concluir que tal fato se deve ao despreparo e desinformação dos executores dos serviços. Não levaram em conta que se tratava de Condomínio Residencial. *Comprar equipamentos de segurança, não necessariamente é certeza de comprar segurança.*

Controle de acesso

Atividade simples que bem orientada ilide a maioria dos ataques à entidade por cadastrar previamente e permitir o acesso seguro ao servidor, cliente, membro etc. para suas atividades diárias. O trabalho deve ser acompanhado por profissional de segurança aplicando estratégias técnicas para que o tipo de barreira adotada não configure excessos do tipo que inviabilize as atividades do dia a dia, tais como: senhas complicadas, limitações imposta a servidores que já são cadastrados e mais de uma liberação por crachá facilitando a burla. Lembremos que o excesso de rotinas inibidora, criação de uma cultura de segurança pois os aplicadores de segurança se perdem na massificação dos atos. Lembremos que a simplicidade é aliada da aceitação rápida de rotinas e que todo sistema necessita de testes periódicos para que as anormalidades detectadas sejam resolvidas de imediato.

Busque sempre aliar simplicidade com a funcionalidade. Note que a foto demonstra a existência de dispositivo de solo não sensível o suficiente para reconhecer o motoqueiro como veículo e consequentemente não baixa a cancela na passagem – tal como ocorre nos "pardais" das ruas. O grande problema é que o próximo veículo encontra a cancela aberta dando margem à entrada indesejada de terceiros não identificados. Esta falha pode ser usada na composição de tática para invasão deste empreendimento. O ideal seria trocar o sistema de acionamento das cancelas por sensores a lasers que as baixam sempre que for restabelecido o feixe de luz. Outra solução é a instalação de dispositivo que permita ao porteiro corrigir esta anomalia baixando o braço manualmente, apesar de ser a mais barata, não é a melhor, pois traria mais uma rotina desnecessária para o porteiro que poderia canalizar suas atenções para os monitores.

Na estruturação do controle de acessos, há de se observar alguns pontos que são:

Crachás

Identificar os grupos por cores diferentes de crachás, este procedimento é um aliado forte para aferição visual. Internamente é importante o uso de cartões magnéticos aliado ao uso do crachá, este que será de uso obrigatório – mostrando a identificação e a tarja magnética o acesso desejado será liberado.

Outro fator importante é atrelar, ao programa do computador, o cartão magnético porque uma vez registrada a entrada só funcionará novamente se registrada a saída e ao final do dia se verificado a falta de algum crachá que seja imediatamente desativado. Não devemos nos preocupar com o custo do crachá que eventualmente possa ser extraviado por terceiros, pois o custo benefício, ou seja, a segurança auferida com o uso do crachá será compensatória. O controle destes cartões deve ser rigoroso para uma possível desativação ao final do expediente. O visitante desatento que perder o cartão deve ser também registrado e quando da tentativa de um próximo acesso só será possível mediante depósito de calção para garantir a devolução do cartão de identificação.

O importante quando se programa um sistema de segurança é calcar-se na confiabilidade das soluções. Sempre faço uma comparação com o dia a dia de certos policiais que tem como uso uma pistola moderna, mas sua segunda arma de segurança é um arcaico e antigo revólver – tudo em nome da confiabilidade do sistema. E o exemplo acima com crachás serve tão somente para demonstrar controle já consagrado no mercado. Porém, há de ressaltar que os avanços tecnológicos trazem novidades que podem ser avaliadas e acrescidas ao sistema (micro-chips, código de barras, DNA etc.).

Biometria

Este sistema é mais caro que a identificação manual feita pelo porteiro que somente registra o ingresso do visitante em computador simples; a biometria trata-se da coleta eletrônica de digitais de clientes e usuários que pela natureza do equipamento empregado requer manutenção sistemática e especializada. Por outro lado, a confiabilidade e a velocidade na recuperação de dados compensam o investimento, uma vez que registrada a digital do cidadão, basta um toque e a resposta é instantânea, autorizando ou negando o acesso.

Ponto positivo:
- Rapidez, confiabilidade e praticidade. Os dados individualizados do visitante serão recuperados com um simples posicionamento de dedo.
- Impessoalidade – afasta o primeiro embate do segurança, o sistema negará ou autorizará a entrada.
- Diminui o número de funcionários operando o sistema na entrada principal.

Ponto negativo:
- Manutenção e troca de leitor biométrico constantes.
- Sensibilidade à luz
- Incapacidade de leitura – raro – em digitais "superdanificadas".

A implantação da biometria deve ser avaliada segundo as características individuais de cada empreendimento e os motivos para os respectivos acessos, exemplifiquemos:

Numa repartição pública, em se tratando de visitantes, a identificação temporária e passageira deve ser aferida com leitura de documentos e registro de fotos, a biometria, especificamente para os visitantes, se mostra ineficiente, pois, este público temporário não necessariamente virá no dia seguinte, apenas buscam prestação de serviço estatal. Por outro lado, nesta mesma repartição, é interessante, pelos pontos positivos demonstrados, registrar os seus funcionários e terceirizados usando a biometria.

É importante salientar que o uso da biometria não dispensa os benefícios do crachá, um sistema complementa o outro. Enquanto a biometria faz o controle de acesso o crachá identifica e confirma para os demais membros que aquele cidadão, o portador do crachá está no local onde fora autorizado para estar.

Cercas eletrificadas

Uma cerca elétrica bem planejada, orientada por profissional certo se mostrará bastante eficiente, principalmente em residências, condomínio e galpões comerciais. Na montagem, devem ser observadas as especificações técnicas, tais como: altura mínima, condições do muro, que servirá de base e a qualidade do material a ser instalado. Deve-se evitar sua instalação em colégios ou próximo deles e se imprescindível a instalação deve ser feita maximizando as regras tornando-as mais rígidas, tudo sob a ótica do profissional treinado e pronto para isto. Não se deve deixar atrativos do tipo:

árvores frutíferas, brinquedos ou outros do gênero infantil, principalmente se instalada perto de estabelecimento que lidem com crianças. Outra observação é quanto à qualidade e local; que se mal calculados, serão comuns os falsos alarmes oriundos de galhos de árvores que não foram removidas na instalação, evidenciando despreparo técnico da empresa que montou o sistema; outros fatores que possam eventualmente acionar o sistema, como pássaros e chuvas de vento, devem ser contemplados pelo montador que por meio de regulagem e posicionamento evitará tais incômodos e falhas na segurança ocasionada por um falso aviso.

Dois erros no mínimo são vislumbrados no caso acima: um deles é o encaixe do portão que pode ser facilmente retirado dos trilhos; o outro e o mais grave de todos é a altura que foi instalada a cerca elétrica. Neste caso concreto, existe um complicador que seria o formato da grade do portão – tipo escada – possibilitando a escalada de uma criança do condomínio. Mesmo que não houvessem crianças no estabelecimento, a altura irregular facilita o seu rompimento, uma vez que o invasor tem a faculdade de "trabalhar" sem usar qualquer utensílio para subir. Outro problema de se manter cercas dessa altura, são as ocorrências de acionamentos indesejados – falsos alarmes, que fragilizam o sistema tanto no que diz respeito ao aspecto físico quanto ao aspecto psicológico, avalie como ficará o emocional do "vigia" que se desloca sistematicamente para constatar um alerta falso, com isto, surgindo uma necessidade real o deslocamento ficará comprometido, pois, o funcionário tem a "certeza" de que um novo alerta se trataria de falso aviso. Bingo! é este o grande problema do profissional que foca em apenas um elemento, o ideal seria um sistema forte e integrado isto porque na falta de um elemento, outro supriria a necessidade sem deixar lacunas.

Outra falha de instalação

Neste caso para que se interrompa a energia enviada à malha da cerca eletrificada, basta cortar um cabo que está à altura do umbigo. Geralmente, em casos como estes em se rompendo com a "proteção", depois de alguns acionamentos falsos, a entrada estará garantida. A empresa que instalou pouco se importou com segurança apenas focou sua energia em "colocar a mão" no dinheiro e ganhar com a manutenção.

Câmeras de vídeo

Soluções com este dispositivo são bastante usadas e por sua importância e volume de uso há de se fazer estudo detalhado de posicionamento evitando luzes frontais, obstáculos e pontos cegos. Estes equipamentos mal posicionados não geram os efeitos pretendidos, uma vez que a captura de imagem depende diretamente do ângulo aplicado ao equipamento. Veremos abaixo quando usar e como usar algumas destas tecnologias disponíveis no mercado.

Cuidado especial com leigos que dizem saber tudo... Estes extraem seus conhecimentos de fontes rápidas e não confiáveis e sem nenhum embasamento científico ou experimental, dando uma avaliação superficial do problema. Trata-se de profissionais limitados e com boa oratória e pouco conhecimento prático/teórico; deles, devem-se tomar distância.

Por se tratar de solução com muita aplicabilidade nos dias de hoje e muita das vezes mal utilizada, elenco algumas considerações acerca do assunto.

CFTV – problemas:
- Baixa resolução.
- Mau posicionamento das câmeras.
- Modo de gravação sem critérios.
- Equipamentos baratos – geralmente o foco em segurança é erroneamente direcionado para as seguradoras.
- Armazenamento de imagens em dispositivos complicados, de manutenção difícil e cara.
- Improviso.

CFTV – soluções:
- Adquirir equipamento moderno e que atenda à demanda.
- Manter formato que possibilite uma boa resolução.
- Posicionar câmeras com melhor resolução em pontos estratégicos, entroncamentos e pontos de passagens obrigatórias.

- Acione o profissional de segurança o mais rápido possível
- Manter data-hora dos softwares atualizadas.
- Manter o manuseio das câmeras por profissionais (manutenção e instalação).
- Armazenamento de imagens em equipamento apropriado (DVRs ou outros modernos e específicos).
- Manter câmeras visíveis e câmeras ocultas em pontos estratégicos.
- Diversificar o armazenamento de imagens (mínimo 02 pontos).
- Rotina de análise de imagens (não adianta coletar e não analisar o material obtido).

Inteligência aplicada ao sistema de monitoramento

A escolha de locais como: onde colocar as câmeras é tarefa de um profissional de segurança, só ele com experiência pode determinar com exatidão os pontos adequados para instalá-las. Não é difícil ouvir que na ocorrência de um crime tentou-se recuperar as imagens de um circuito de câmeras e o máximo que foi visto foram vultos que em nada ajudavam os investigadores. Este exemplo nos é mostrado quase todos os dias nas notícias do jornal das oito: é espancamento em posto de gasolina que não se identifica o rosto, é assalto a bancos que não consegue distinguir ninguém, é caso de "pai" que joga criança da varanda e nada é registrado, ou seja, tragédias para todos os gostos. Nestes relatos, o que mais espanta é o fato de esta parafernália de equipamentos de nada adianta, apesar dos altos gastos, chegando a evidenciar uma ineficiência quase que total. Acredito que pelo fato de se tratar de novidade tecnológica e contar com um aliado fortíssimo quando se trata de promoção do produto – filmes "hollywoodianos" – estes equipamentos continuam vendendo independente de critérios para se extrair o melhor de suas aplicações, é o efeito causado pela fantasia que só um profissional qualificado pode aclarar. Observa-se que o profissional que instala estas soluções não tem o conhecimento para bem fazê-lo e as empresas que apresentam esta solução, na maioria das vezes, estão apenas preocupadas com o lucro rápido e fácil, ignorando aspectos de integração tão importantes para a segurança.

Um bom profissional de segurança tem de vivenciar o local onde se instalam as câmeras; ele tem de montar balões de ensaio com possíveis acontecimentos e ir aprimorando ao longo de algumas experiências colhidas na manutenção diária. Não se trata de aleatoriamente ir jogando uma câmera aqui outra ali. Há necessidade de estudo dos fatos e com base nisto ir montando o sistema. Existem câmeras que têm a função de aparecerem, outras nem tanto, ficarão ocultas exatamente para pegar um possível deslize do invasor quando, achando que venceu o obstáculo, venha a relaxar na vigilância indo ao encontro do registro frontal.

Nesta mesma linha, há de se montar pontos que registrem possíveis comprometimentos para coleta de outras provas, tais como: placas de carros, locais estratégico onde potencialmente pode ter registro de digitais, cor de roupa etc. Neste caso, exige-se regulagem apurada do foco, dependendo do emprego do equipamento.

Sistemas de integração e monitoramento (Salas de controle central)

O ponto mais importante, depois da qualidade do produto, é a montagem do sistema de monitoramento. Este por sua vez, se bem montado, apresenta-se como sendo a solução bastante eficiente. Muito importante é manter o responsável pelo monitoramento com função exclusiva com rotina definida e voltada para análise de imagens e acompanhamento "ao vivo" dos fatos, acionando sempre que preciso a equipe de campo. Porém, o que frequentemente vemos é o contrário disso é o setor de monitoramento como sendo o mais vulnerável do sistema, arrolaremos alguns problemas levantados:

- **Falta de treinamento dos operadores de mesa.** Problema relativamente fácil de resolver – um procedimento interessante é obrigar o instalador a fornecer curso para, pelo menos, três funcionários e estes agirem como agentes multiplicadores. O objetivo é manter todos os funcionários envolvidos nivelados quanto à atividade de registrar, acompanhar e recuperar dados. Fazer revezamento para trabalhar na sala de monitoramento é importante pelo fato de manter todos os funcionários treinados e atentos para a prevenção; além disso, fortalecerá o entrosamento da equipe.

- **Local inadequado de instalação dos monitores.** Um erro comum é instalar os monitores em local que possibilite a visibilidade por parte do público externo. O risco está em um invasor ter a possibilidade de previamente estudar as rotinas das câmeras. A instalação ao lado de aparelhos televisores também é um erro – o trabalhador achará mais interessante olhar para o televisor que olhar para a vigilância. Nestes casos, recomendamos para o primeiro: rádio sintonizado em canais de notícias locais e com volume moderado e para o segundo: o posicionamento dos monitores de modo que somente os operadores tenham acesso visual.

- **Tamanho e quantidade de monitores.** Tanto o tamanho quanto a quantidade devem ser objeto de estudo, nem monitores em excesso nem monitores em falta, é bastante o tamanho de 22 polegadas. O software é que deve proporcionar alternativas de zoom em qualquer ponto da câmera que aparece no visor. A quantidade varia de acordo com o número de câmeras disponíveis; porém, uma boa quantidade para o monitor de 22 seriam 9 câmeras por tela.

- **Manter o "Backup" junto com a captação de imagens ou a falta de armazenamento de arquivo.** O backup deve ser feito em dois locais fora do prédio de onde fisicamente estão os monitores. Por motivo de operacionalidade da recuperação de imagens, exige-se que uma CPU com os dados esteja disponível próximo às câmeras, isto, no entanto, não exclui a necessidade de enviar a gravação para outro ponto distinto do prédio de onde estão sendo feitas as filmagens. Existem empresas no mercado que disponibilizam em suas sedes, até mesmo fora do Estado, a possibilidade de gerenciar os BKPs. Recomendamos que o sistema de armazenamento seja implantado somente por profissional e, nestes casos, com a finalidade de baixar custos, o backup pode ser feito em estabelecimentos vizinhos numa espécie de troca de favores, um armazenando o backup do outro (atente para o item criptografia e compartimentação já postos no início deste livro).

No exemplo abaixo, vemos uma série de câmeras amontoadas em um único monitor. Neste caso, o empresário optou por dois monitores de 17 polegadas sendo que 16 câmeras em um monitor e duas em outro monitor. Houve um erro de distribuição; outro ponto observado foi que os monitores estão instalados de frente para a rua e no caso tomado como exemplo, basta que um transeunte pare e olhe para a guarita para saber tudo sobre o funcionamento e sobre a rotina do sistema de câmeras do condomínio.

Sistema de alarme: sensor de presença

O sistema de alarmes também se traduz numa boa solução para "falhas" na segurança de um empreendimento, por isso a necessidade de orientação na instalação e montagem dos sensores. A escolha dos locais onde serão instalados os sensores determinará o sucesso ou não da contensão do invasor colaborando significativamente para eficiência desses instrumentos, contudo, estes equipamentos apresentam poucos pontos fracos e um deles ou o mais sensível é o momento da escolha do tipo de dispositivo a ser adotado: laser, som, toque, movimento, calor etc. Neste caso, o estudo prévio do possível invasor deve ser levado em consideração, seja para posicionar o equipamento, ou até para escolher qual o melhor sensor recomendado para o caso. Para facilitar nesta tarefa, devem-se observar essencialmente equipamentos modernos e aprovados na prática, nunca é demais lembrar que a tecnologia deverá ser aliada da segurança e não ponto de encarecimento injustificado do empreendimento. O local ideal para testar equipamentos certamente não é a empresa do contratante e, sim, um bom laboratório bem equipado e mantido pelo profissional de segurança.

Listar vulnerabilidades

É bom que bom ficar bem evidente que O PLANO DE SEGURANÇA ORGÂNICA é documento formal assim, todas as suas peças são sigilosas, somente interessando ao proprietário e à segurança. A lista de vulnerabilidade é uma destas peças e é documento crucial para a montagem de um plano de segurança eficiente, reforço que nada poderá ser feito sem antes levantar os pontos vulneráveis, onde está mal guarnecido, enfim, os pontos fracos de cada empreendimento. Cada fragilidade deve receber o tratamento adequado com a aplicação da tecnologia certa e de técnicas capazes de encerrar qualquer pretensão de invasão. Este estudo preliminar servirá para subsidiar a perfeita canalização de recursos e locação de pessoal.

Exemplo: Uma empresa que tem como vizinhos uma rua e uma escola deverá verificar com bastante atenção qual a solução de segurança adequada para seus limites. Neste caso, não há justificativas para se colocar cercas eletrificadas do lado do colégio, bem como não haverá dificuldade para diagnosticar medidas mais duras no muro que faz divisa com a rua. No limite da escola, vislumbrar a possibilidade de aumentar e inclinar o muro; quanto à rua podem-se combinar muro alto com cerca elétrica e ganchos, tudo dependendo do caso. Outro exemplo seria reforçar, também, o piso de salas cofres onde são guardados documentos ou outros valores.

Vejamos abaixo parte de irregularidades que foram apontadas num determinado caso concreto, onde o sistema foi montado por leigos. Infelizmente, até bem pouco tempo, era neste senário que atuava o profissional de segurança. O ideal seria começar com um PSO bem elaborado e confeccionado por profissional, mas nem sempre esta era a opção adotada pelo empreendedor. Neste caso, o empresário perdeu, o valor gasto inicialmente com o projeto mal elaborado.

Legendas:
1. Mangueiras expostas de fácil ruptura.
2. Equipamentos sujos e sem manutenção.
3. Instalação malfeita – o cabo atravessa a frente do aparelho dificultando o acesso num eventual reparo e ainda correndo o risco de um rompimento quando retirar a placa frontal na manutenção.
4. Altura insuficiente, fácil acesso.

Reconhecimento de rotinas

Este diz respeito aos movimentos repetidos da empresa, tanto no desempenho de suas funções quanto em atividades administrativas que requeiram maiores cuidados – depósitos em banco, por exemplo. O reconhecimento da rotina é uma etapa que não se pode ignorar quando da elaboração do projeto de segurança, pois em torno dela se encaixarão as soluções de segurança. Trata-se da espinha dorsal das adequações que serão feitas ao plano de segurança no estudo do caso concreto.

Apontar estratégias para implementação (meios prazos e validade)

O ponto forte de toda e qualquer estratégia é a capacidade de mutação sempre que necessário ou durante a programação feita quando da implementação, mesmo porque, esta mutabilidade é característica que deve manter atualizado o sistema na busca de ilidir possíveis falhas, logo, é salutar ter mais de um plano de aplicação, com controle de datas bem definidos, em qualquer empreendimento que se tem como seguro. O plano de segurança não pode ser rígido a ponto de não comportar mudanças observadas ao longo do tempo. A flexibilidade – dentro de padrões preestabelecidos – é característica ideal buscada na prestação da segurança.

Atribuir competência e propor formalização

Este ponto é mais afeto à administração que propriamente à segurança. Atribuir competência é cobrar metas de trabalho, estar intimamente relacionado com a atividade do administrador, porém, todas as atividades de uma empresa estão intimamente ligadas.
- Quem deve receber treinamento de executor;
- Quem deve receber treinamento de gestor;
- Função de cada um dentro do processo de segurança: esta divisão é de suma importância, considerando que numa eventual falha a identificação do elemento causador do problema é fundamental, seja para puni-lo, seja para reeducá-lo e reinseri-lo aos quadros da segurança. Para a segurança, é importante ter ambiente profissional e organizado.

DOCUMENTOS E MATERIAIS

Toda documentação que circula dentro de uma empresa deve ser tratada sob a ótica da segurança, por mais inocente que seja a informação nela contida. Documentos produzidos por um empreendimento, além de trazer uma gama de informações importantes, ainda se constituem em prova escrita, e estas, em mãos erradas, serão usadas – certamente – contra o produtor do documento. Neste item do trabalho, passaremos algumas informações que podem ser úteis na prática.

Os empresários desavisados – ao contrário do que acontece com as instalações, erroneamente – deixam a documentação à margem dos cuidados necessários, quando estes buscam resolver problemas de segurança em seus estabelecimentos, e não são raros os casos em que empreendedores pagam um preço muito alto, literalmente, por conta destes deslizes documentais, existem registros de vários eventos negativos do tipo: fraudes, extorsões, furto de lista de clientes e fórmulas, chantagens etc. Uma das preocupações deve ser a existência de controle nos arquivos, ou seja, as facilidades e fragilidades encontradas para chegar fisicamente aos documentos, bem como a existência de equipamentos de digitalização sem o devido controle e próximo dos arquivos (copiadoras e scanners), ou ainda, a falta de domínio quando da retirada de documentos. Tratamento especial deve ser dispensado a todos os tipos de documento da empresa abrangendo desde documentos fiscais e livros fiscais, até documentos pessoais como prontuário de funcionários, documentos de sócios, dentre outros. Inclusive o lixo deve ser tratado – classificado e triturado, enfim, deve-se encontrar uma solução adequada para a sua eliminação. Uma das preocupações motivadoras para o controle documental é o aumento da espionagem industrial, bastante fomentada no modelo empresarial vigente; por isso, há incessante busca das soluções apontadas pela Segurança Orgânica na proteção de fórmulas e projetos, notadamente, como exemplos, cito: indústrias de refrigerantes, alimentos sólidos, conhecimento específico, listas de clientes e fornecedores, enfim, todo segmento industrial que queira sobreviver de suas criações tem de investir forte em segurança documental.

O cuidado e atenção com este ramo da segurança é objeto de preocupação e prioridade de um bom analista de segurança. Vamos aos detalhes:

A falta de cuidados com documentos, não os tratando de forma séria e profissional, leva à insegurança e à desorganização tal qual se vê na foto acima. Neste caso verídico, note que existe uma porta por onde transitavam livremente todos os funcionários e visitantes da empresa. Este empresário estava passível de ter notas fiscais suas extraviadas ou de ver informações importantes caírem em mãos erradas. Por outro lado, se o empresário escapar do crime dificilmente escapara de julgamentos de sua imagem perante seus clientes. No tocante à segurança, um setor desorganizado contamina os demais, comprometendo a empresa como um todo.

Produção (autenticação)

Em se tratando de documentos, o importante é manter um controle rígido na produção. Para tanto, existem regras que norteiam o trâmite documental, desde a origem até o destino. Medidas simples, tais como: numerar as páginas, carimbar e assiná-las são importantes na produção de documentos. Sendo recomendado verificar o fenômeno dos rascunhos, estes, muitas vezes são ignorados e tratados como se lixo comum fossem, e o tratamento adequado seria o mesmo dispensado aos documentos originais. Eliminar e controlar o rascunho, já é um bom começo. Devem-se evitar, também, aqueles documentos ditados em alto tom de voz, lembre-se "as paredes têm ouvidos". Outro entrave apresentado é relacionado à impressão. Não se deve imprimir documentos importantes em locais públicos nem tão pouco imprimir documentos usando computadores desconhecidos, devemos sempre desconfiar de máquinas estranhas, este deslize se traduz no mais primário dos erros quando se trata de segurança documental. Há necessidade de se fazer rigoroso controle de impressoras, assim recomendo que: impressões de documentos importantes só dentro do estabelecimento e sob controle absoluto em impressoras fora da rede ou com ligações reduzidas. Outro vilão é o HD externo do tipo "pen drive", cartões de memorias etc. Estes que apresentam tamanho reduzido e serve como backup pessoal. Com isto, esta característica torna-se um grande problema quando o usuário mantém nestes equipamentos documentos importantes sem os cuidados criptográficos e de guarda adequados, lembre-se, que se forem perdidos podem dar ensejo à quebra de sigilo, inclusive o profissional. Atente para o fato de que hoje o mercado oferece uma gama de programas que recuperam qualquer arquivo deletado. A formatação, após o uso destes HDs como medida preventiva, seria uma opção viável de se fazer de tempo em tempo, bem como fazer, conforme fora dito anteriormente, uso de criptografia para arquivos importantes.

Difusão na recepção (segurança na tramitação)

Aqui reside a operacionalidade da circulação dos documentos dentro de uma entidade. Toda tecnologia aplicada serve única e exclusivamente para manter a integridade destes documentos quando remetidos ou recebidos. Não faz sentido em pleno século XXI uma empresa ficar presa às correspondências do passado – carta, cartões e avisos **exclusivamente** por meio físico tradicional. Modernamente existe crescente apelo pela agilidade, logo, compram-se, vendem-se, notificam-se, intimam-se etc., tudo via internet garantidos por assinatura digital e por aplicação de criptografia. Logo, insisto no ponto em que documentos de maior relevância jamais devem transitar na WEB sem uma criptografia segura. Um bom profissional deve traçar a melhor solução em termos de programas que fazem a mensageria.

Neste item também incluímos a correspondência condominial recebida e enviada, principalmente no que tange aos pacotes registrados, pois há necessidade de manter vigiado eletronicamente o local onde se tratam os malotes recebidos e expedidos, evitando o extravio ou o furto/roubo deles. A adoção de livro protocolo/planilha eletrônica para registro e controle das entregas é o mínimo exigido para o início da operação.

Manuseio (Controle de saída e entrada)

O bom senso norteia o manuseio de tais documentos. Não se devem manipular documentos de caráter sigiloso em locais abertos, nem tampouco removê-los de um local seguro sem uma justificativa plausível. No caso de tratar um documento digital, é importante tomar o cuidado de manter "proteção de tela com senha" ativa com acionamento automático para quando temporariamente ficar fora do computador. O isolamento físico dos locais sensíveis também devem ser estudados, bem como a manutenção de arquivos e salas com chave. O acesso ao local do manuseio e deposito devem ser monitorados diuturnamente, mantendo uma integração entre os diversos ramos da segurança.

Arquivamento e recuperação

O arquivamento é operação que visa guardar documentos que não serão manuseados constantemente no dia a dia, com o fim de abrir espaços para outros novos. O importante do arquivamento está relacionado com o tipo de mídia que será usado para guardar o banco de dados. Hodiernamente, o DVD é uma boa opção, seja por sua capacidade de armazenamento, seja por sua praticidade, durabilidade e simplicidade na recuperação dos dados. É fundamental que se ache uma maneira segura de se fazer o backup e que este modo encontrado aceite manutenção fácil e descomplicada. Num passado remoto, usavam-se o microfilme, a fita K7, a fita DAT dentre outros. Para implantação de projetos mais arrojados, o profissional de segurança pode ser subsidiado por profissionais do arquivo ou de informática e é aconselhável esta consulta sempre que deparar-se com especificidades.

Na foto acima, temos exemplo claro de que não basta a existência do material correto sendo que o pessoal não está treinado para aspectos ligados à segurança. Neste estabelecimento, onde são guardados os documentos mais importantes da empresa contamos com sala relativamente segura e os arquivos com chave, porém nada era usado corretamente. A falta de treinamento pode expor a erros do tipo: deixar as chaves na fechadura e, no caso exposto, além das chaves permanentemente nas fechaduras, as gavetas e a porta sempre ficavam destrancadas e abertas.

Destruição

No passado, recomendava-se destruir documentos no fogo, mas em tempos atuais esta prática é ecologicamente incorreta. Assim, recomendamos trituradora de papéis e de DVDs que resolvem o problema com a destruição total da informação, possibilitando cem por cento a reciclagem do material. Se o documento for de caráter sigiloso, recomendo passar por duas vezes na trituradora. O equipamento que tritura em forma de confetes (bolinhas) é o mais recomendado. Os CDs e DVDs devem ter a película magnética destruída. Um simples risco na parte de plástico transparente não destrói a informação. Os disquetes, pouco usado atualmente, devem ser destruídos retirando-se a parte metálica e passando o restante no triturador. O mesmo processo deve ser dispensado às fitas K7, fitas de vídeo etc. Quanto aos "pen-drives", o circuito interno deve ser esmagado. Os "hds" devem ser desmontados e os discos rígidos encontrados dentro da caixa ora denominada "HD" devem ser inutilizados

Devem ser mantidos uma rigorosa política de destruição com termo que indique, sem maiores detalhamentos, o material que foi eliminado. Não podemos com este controle – termo de destruição – manter vivos registros do que fora destruído replicando-os, isto seria uma incoerência com a eliminação do material. Devemos primar pela reciclagem – sempre que não houver comprometimento das informações. Abaixo temos exemplo de destruição malfeita.

Fonte: http://www.google.com.br/imgres?imgurl=http://4.bp.blogspot.com/_C4DZrxccqYs/SXowzEpnGPI/AAAAAAAAA1Y/cQZdyHLyt0g/s400/papel-queimado.jpg&imgrefurl=http://rodrigomoco.blogspot.com/&usg=_dia 20 de outubro de 2010.

Princípios clássicos que norteiam o trato documental

1. Integridade

É a garantia de que o conteúdo original da informação não foi modificado indevidamente por elemento humano ou qualquer outro processo; *atualmente temos programas que mantêm a integridade dos documentos magnéticos (ex. pdf etc.), mas é importante numerar e rubricar as páginas visando à integridade documental.*

2. Disponibilidade

É a garantia de que o conteúdo da informação estará disponível para quem tiver autorização sempre que houver necessidade de acesso; *aplicação de sistema eficaz de recuperação dos BACKPUS, bem como garantia de enviar chave privada da criptografia atualizada para o destinatário da informação.*

3. Confidencialidade

É a garantia de que o conteúdo da informação só é acessível e interpretável por quem possui autorização para fazê-lo; *versa sobre o uso adequado da criptografia, ou seja, os documentos cifrados só serão abertos por quem for autorizado.*

4. Autenticidade

É a garantia da veracidade do conteúdo da informação e a certeza de que a fonte geradora da informação e o seu destinatário sejam realmente quem alegam ser. *Neste sentido, os cartórios são aliados indispensáveis, autenticando e reconhecendo firma de documentos importantes. No ambiente da WEB, temos a assinatura digital e certificados de segurança que desempenham o papel de ratificar a autenticidade dentro da internet.*

5. Irretratabilidade

É a garantia de que, num processo de envio e recebimento de informações, qualquer participante do processo de comunicação, emissor ou receptor, não possam, em um momento posterior, negar a respectiva responsabilidade tanto do envio, quanto do recebimento. *Além da assinatura digital, existem registros automáticos que devem ser ativados para comprovar a leitura e o envio de documentos, são chamados de "LOGS".*

6. Atualidade

É a garantia de que o documento que circula está atualizado e em conformidade com as normas vigentes. *Este é o princípio básico da organização, manter atualizados os documentos a serem remetidos é ponto fundamental para a sobrevivência de qualquer instituição. Errando neste quesito, a base fica comprometida.*

Nunca é demais lembrar que tem legislação que rege a matéria e determina que toda pessoa que tome conhecimento de documento sigiloso fica automaticamente responsável pelo seu sigilo.

TELEMÁTICA

Neste tópico, não temos a menor pretensão em dar aulas de informática, nem de esgotar as soluções de TI (Tecnologia da Informação), mesmo porque um dos pontos que implicam segurança é a busca de qualificação do pessoal responsável pelo uso de tecnologias dentro de uma entidade. Deixar de operar um sistema ou usar uma ferramenta sem o mínimo de qualificação é um dos erros que não pode passar despercebido pelo profissional de segurança. Este tema, aqui tratado, tentará dirimir alguns mitos que assombram a implantação de soluções de informática em uma empresa.

Uma das soluções mais conhecidas é a aquisição de programas operacionais e programas complementares (BROFFICE e aplicativos, Windows, Linux e pacotes do Office), e sobre estes programas pairam dúvidas intermináveis quanto à eficiência. Porém, posso adiantar que o programa mais eficiente é aquele com que a equipe teve treinamento e domina. É sabido que de nada adianta um sistema confiável e moderno sendo que o operador não tem o mínimo de treinamento para operá-lo. Vejamos alguns pontos:

Uso de softwares originais e atualizados

Como dito, não existe sistema hermeticamente fechado, mesmo porque os próprios fabricantes deixam porta de segurança para uma eventual entrada de emergência. O problema surge quando este conhecimento cai em mãos erradas, obrigando os fabricantes a instalarem programa que fecham estas portas e abrem outras, configurando-se como uma corrida em círculo, de um lado está o fraudador e do outro o fabricante e o usuário tentando atualizar o sistema e o antivírus, e entre uma etapa e outra, ocorrem as fraudes, os furtos de senhas e de arquivos. Não obstante a esta corrida pela segurança o próprio usuário fragiliza o sistema quando procede de maneira errada em suas atividades do dia a dia. Exemplifiquemos de forma grosseira: O "programa" que fecha estas portas recebe o nome de atualização, que além de cerrar acessos deixados, propositadamente, também corrige alguns erros que por ventura surjam depois de lançado o produto. Quanto aos programas pirateados a fragilidade ocorre no momento em que o "hacker" quebra o código original para pirateá-lo e lá "planta" um programa espião que se instalará na "Bios" – alma do computador – onde o antivírus normal não alcançaria. Além dessa problemática, os programas pirateados não possuem atualização. A solução seguramente passa pela adoção de software livre, ou, a compra de programas originais. O fato é que os programas piratas têm de ser eliminados ou nunca entrarem em uma instituição que prima pela segurança telemática. Os *"gastos" com segurança não necessariamente se traduzem em perda, tenha em mente que na maioria dos casos, e se antecedida de parecer técnico proferido por profissional apto, se configurará em investimentos e o retorno financeiro e psicológico serão garantidos em curto espaço de tempo.*

Manutenção em oficinas especializadas e confiáveis

Lembrar sempre de formatar o HD e usar ferramentas de reorganização de arquivos e correção de problemas nos discos. Estes procedimentos dificultam a recuperação de dados. Segundo os especialistas é possível a recuperação de informações até a sétima formatação; levando em conta o custo desta recuperação, confrontada com o valor das informações fica inviável a recuperação.

Aquisição de máquinas fechadas

A compra de máquinas montadas: componentes adquiridos separadamente – no primeiro momento pode até representar economia no custo da implantação, porém, a longo prazo, a manutenção dessas máquinas se mostram mais dispendiosa que as máquinas fechadas (IBM, ITAUTEC, DELL, MAC, SONY, HP, SANSUNG, TOSHIBA etc.). Sempre que possível, opte por máquinas fechadas, além da garantia de toda a máquina, contam-se, também, com maior estabilidade dos softwares e dos sistemas instalados.

Isolamento de redes

Uma solução bastante eficaz, embora criticada por especialistas do ramo de informática, porém em determinados casos tem de ser usada é o isolamento de redes. Trata-se de solução antiga, simples e eficiente e consiste em manter redes de importância isoladas do acesso ao mundo da web. Junte-se a esta solução outra, também radical: o desligamento via software e hardware dos dispositivos de entradas e saídas, tais como: USB, disquetes,

DVD, cartões etc. Tais soluções só serão eficientes se o fato de mantê-las isoladas não trouxer efeitos negativos que comprometam o sistema de segurança e o desenvolvimento dos serviços no dia a dia.

Não abrir arquivos executáveis de extensão do tipo .exe, .bat, .sys, .dat etc.; e manter antivírus atualizados

Hoje, não há justificativa para trabalhar com computador sem um bom antivírus, mesmo porque existe uma gama desses programas disponibilizados gratuitamente na internet. O ideal é procurar um especialista e configurar de forma segura o sistema operacional, pois cada caso exige uma solução diferenciada. Quanto aos programas duvidosos, aja com cautela, erre para mais, deletando todo arquivo que receba e que tenha dúvidas com relação à sua procedência. Automaticamente um bom antivírus já faz esta varredura eliminando inclusive os tão incômodos Spans.

Cuidado com redes sem fio abertas

"Não existe almoço de graça", esta frase dá uma ideia de como agir quando encontrar um serviço de rede sem fio desprotegida aberta e pronta para uso gratuito. Nem toda rede desprotegida é uma armadilha de falsários; porém, a grande maioria dos fraudadores usam este tipo de expediente para atrair usuários desavisados em busca de acessos "grátis". O nosso posicionamento é no sentido de conectar apenas em redes conhecidas e seguras, esteja com "firewall" ativado e antivírus atualizado.

Implantação de banco de dados com arquivos simples

Arquivos simples visando à facilidade de operação (importação e exportação de dados) – para que qualquer programa que gerencie bancos de dados possam trabalhar com este tipo de arquivo, evitando o uso de programas desconhecidos de criptografia e editores de textos restritos.

Na produção de textos, nem sempre é possível manter formato .txt – um dos mais simples na hora se fazer migração ou recuperação de backup. Porém, o importante deste tópico é alertar para o fato de que: *não fazer backup ou até mesmo produzir documentos utilizando extensões desconhecidas ou especiais é um grande problema na hora da recuperação dos arquivos.* Opte sempre por formatos reconhecidos e padronizados. Hoje temos: .txt, .doc,. sql, .docx, .xls, etc. Quando for fazer backups crie, antes, uniformização com auxílio de um especialista no setor.

Senhas seguras

Um dos maiores problemas que enfrentamos no mundo digital é a falta de análise anterior ao ato de clicar. Hoje, o usuário de internet viciou-se em clicar sem pensar... Qualquer mensagem que nos é apresentada recebe imediatamente uma resposta em forma de clique. Podemos até ler, porém, isso não significa que processamos o conteúdo lido com o nosso cérebro. A preguiça mental dá azo à gama imensa de fraudes no ambiente virtual que ora estamos expostos. Para conter essa enxurrada de ataque cibernético é preciso que mudemos a cultura de acesso e de comportamento na frente de um computador. Não devemos entregar ao reflexo e ao condicionamento empírico funções nobres e primárias que nosso cérebro tem a obrigação de fazer. Ainda não encontramos um substituto à altura para este órgão humano... O computador tem função auxiliar, logo, o mínimo de pensamento deve ser dispensado para minimizar a atuação de infratores oportunistas que apostam na preguiça humana.

Toda invasão pressupõe interesse, vantagem monetária imediata ou postergada, logo, nenhum invasor dos sistemas de informática o fará por simples esporte. Uma pessoa física ou uma empresa – por exemplo – que tenha em sua conta bancária um valor considerável o bastante para motivar um ataque, deve programar políticas de segurança no sentido de barrar estas invasões, tanto no âmbito telemático, como no trato com as informações.

A integração de toda segurança orgânica é primordial, pois nesta solução de telemática a segurança documental entra como fator primordial assim como os demais ramos da segurança orgânica.

O importante é estar sempre atualizado e vigilante. É sabido que os fraudadores sempre procuram os pontos mais fragilizados, o alvo mais fácil também será o mais barato, assim não é costume do vagabundo (não é de graça o nome), atacar um empreendimento que invista em soluções de segurança, tendo outro com patrimônio similar e completamente desprotegido. Quando todos começarem a dificultar para os fraudadores o parâmetro para barrar as invasões será a melhor solução encontrada, logo, financeiramente vale a pena aprimorar a segurança telemática. O retorno é imediato e significativo; Recomendamos também desabilitar todo aplicativo que pede para armazena dados e senhas dos usuários.

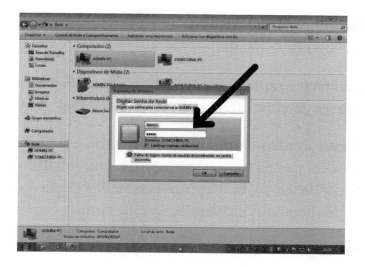

No caso verídico exposto acima, temos uma tela com sistema de controle de saldo bancário aberto pelo empresário e como a sua presença é obrigatória em outros departamentos da empresa, sua tela fica aberta ao público, sem qualquer *proteção de tela com senha que trave a tela imediatamente quando ele se afastar*. Além da ausência de proteção contra vírus, a sala do empresário fica aberta com acesso liberado para vários funcionários, trata-se de erro que pode comprometer o Sistema de Segurança, fragilizando o empreendimento, o empresário e seus familiares.

Engenharia social do infrator

O bandido tem nesta modalidade de crime uma série de facilitadores que em seu intelecto deturpado encontra justificativa para praticar essa espécie de delito e é de extrema importância que o profissional entenda um pouco dessa engenharia para melhor enfrentar o problema no cotidiano. Então, vejamos alguns:

- **Anonimato nas ações:** crimes cibernéticos até pouco tempo atrás era de difícil rastreamento.

- **Dinheiro fácil e rápido:** os criminosos agem diretamente na fonte dos recursos da vítima (contas bancárias e cartões de crédito).

- **Fragilidade dentro da instituição bancária e da empresa:** existem casos em que os fraudadores têm em sua quadrilha elementos do próprio Banco ou da Empresa, isto facilita demasiadamente na atuação dos bandidos na identificação de vítimas com potencial.

- **Impunidade:** legislação omissa e Justiça lenta são ingredientes para motivação do crime cibernético.

- **Crime "limpo":** a lei beneficia crimes sem grave ameaça ou violência contra pessoa, é fato que estes crimes são cometidos sem sangue e a lesão é direcionada ao "patrimônio virtual" da vítima por meio magnético, diminuindo o nível de reprovação do cidadão (eleitor) comum.

- **Não há embate físico:** geralmente o fraudador trava embates cibernéticos no ambiente virtual da internet, atraindo jovens mais intelectualizados.

- **Custo baixo:** basta um computador e acesso à internet.

- **Velocidade tecnológica:** os bandidos grande maioria das vezes estão na vanguarda. Estamos lidando com grupos organizados que exploram as falhas que o banco e os clientes ainda não detectaram.

- **Fragilidade dos programas:** instabilidade de hardware que se traduz em imperfeições naturais encontradas nos programas de computador que levam tempo e testes para resolvê-los, bem como uso indiscriminado de programas piratas contaminados.

Problemas a serem combatidos

- Falta de treinamento do pessoal.
- Propagação do conhecimento técnico auferido pelo fraudador (antecipação).
- Propaganda "negativa" em desfavor do Estado – cada veiculação na mídia dando conta do sucesso do criminoso é ponto perdido para o profissional de segurança e incentivo para a manutenção da delinquência.
- Alto custo dos softwares famosos.

Soluções

- Treinamento sistemático do pessoal – programa de computador bom é o programa que todos da empresa dominam.
- Informar às autoridades de todas as fraudes identificadas, mesmo que possam parecer as mais banais e corriqueiras.
- Difusão e venda de programas alternativos com preços mais acessíveis.
- Nunca revele ao público em geral como foi feito para solucionar o crime, nem tampouco, revele os erros cometidos e as derrotas auferidas, com fim de não instruir o crime.

Neste caso, cabe às autoridades que auxiliam no combate ao crime absterem-se de seus ímpetos "holofóticos" com o fim de não por termo a anos de análise de campo no aprimoramento de técnicas de investigação positivas. É comum nos depararmos com um figurão dando uma "aula" na TV para os bandidos de como fazerem para não mais serem pegos; esta prática presta um desserviço à investigação e à segurança.

Exemplos de dispositivos que comprometem a segurança na internet

É espantosa a capacidade de inovação dos bandidos de plantão isto se justifica pelo fato de eles só se ocuparem com o crime eis exemplo de dispositivo que é ligado no final do cabo do teclado do computador. Este equipamento guarda furtivamente todas as senhas inseridas com a utilização dos teclados, uma versão para mouse aponta para os teclados virtuais. Pode ser usado em: "cyber-cafés", exposições, hotéis e aeroportos, especialmente em locais públicos onde se utilizam internet para entrar em contas bancárias ou outros sítios que necessitam de senhas, este dispositivo armazena tudo o que é digitado. Assim, examinar o computador que não lhe pertença antes de utilizá-lo é atitude prudente, promova uma inspeção – sem paranoias – à procura de qualquer peça suspeita instalada por detrás do aparelho antes de usá-lo. É importante observar que na maioria das vezes em que a invasão é feita por meio físico – hardware – isto se dá exatamente nos periféricos de entrada ou de saída: teclado (entrada), impressora (saída) e USB (dispositivo de entrada e saída). Volte a atenção para pessoas que manuseiam as máquinas sem a devida permissão e sempre que houver necessidade da visita de técnicos em seu escritório, que seja feito por profissional credenciado e de confiança, e nunca é demais manter uma varredura periódica do sistema de informática.

Procedimento quando detectado o dispositivo para captura de dados de clientes

Atenção: sem alarmes e sem tocar no equipamento duvidoso, chame de imediato as autoridades para início das investigações pertinentes.

Com a chegada e a difusão em massa das compras com cartões de crédito surgiram no mercado uma enxurrada de fraudes ligadas a estas operações. Por um lado, o "dinheiro de plástico" trouxe agilidade ao pagamento, o crédito ficou mais acessível, enfim uma enormidade de benefícios veio com a sua proliferação, por outro lado, na sombra da tecnologia vieram os golpes que colocam em dúvida a confiabilidade de todo sistema de pagamento com cartões, afugentando os clientes que em sua maioria prima por facilitação mas não abrem mão da segurança. Eis algumas dicas simples relacionadas com cartão:

1. Sempre acompanhe o cartão e não deixe que outros decorem o seu número e nunca passe o número por telefone nem tão pouco passe o código de segurança eles podem ser copiados por terceiros de má-fé. O fraudador, para fazer uma compra via internet, só necessita do número do cartão e do código identificador.

2. Exija cartões com CHIP, embora não seja garantia máxima de segurança, estes cartões dificultam a fraude. Assine o cartão e use senha segura e o mais importante procure seu gerente e trace o seu perfil enquanto usuário do serviço, sempre atentando para as recomendações do Banco.

Dispositivo para leitura de cartão

O mercado está se modernizando e o que assistimos são criações magníficas voltadas para facilitar a vida do cliente na hora de fazer o pagamento, isto é positivo sob todos os aspectos, porém os problemas que existiam com a falsificação do dinheiro migrou para fraudes relacionadas com o pagamento magnético, ou seja, nada foi criado e sim adaptado. Neste diapasão, fica quase que sem explicação um estabelecimento comercial, seja lá qual for a especialidade, deixar-se levar por erros primários que até bem pouco tempo já haviam sido superados. Exemplificando: quando o comerciante recebe um pagamento em dinheiro ele checa a nota, verificando se se trata de nota falsa ou verdadeira, ele verifica as garantias da casa da moeda para então entregar a mercadoria ou para por fim a uma dívida, logo o comerciante que recebe um pagamento sem conferir as garantias do pagador – nome, assinatura, senhas, limites etc. tornar-se-á, no mínimo, corresponsável por eventuais prejuízos financeiros. Agir sem os cuidados necessários é um dos motivos para o elevado gasto com seguradoras nunca é demais lembrar que adotar procedimento de segurança traz ganhos para todos; quanto ao comércio: Ganha em agilidade, em praticidade e consequentemente ganha mais fregueses. O cliente, além de todas as vantagens arroladas para o comerciante, ganhará em economia pois não mais terá de arcar com a conta das fraudes. Eis algumas recomendações para aumentar a segurança desses dispositivos:

- Cobrar identificação do cliente e conferir assinatura.
- Instalar os equipamentos de transação sempre em local onde possa ter contato visual do gerente do estabelecimento.
- Instalar câmeras de vídeo para subsidiar na vigilância do equipamento.
- Analisar imagens por equipe experiente, periodicamente.
- Fazer rodízio de funcionários na operação das máquinas – estas máquinas apresentam nível de dificuldade reduzido e qualquer um pode operá-las. Sempre mantendo controle dos dias e hora sobre tais funcionários.

- Quando deslocar as máquinas para fora do estabelecimento, controle e faça o funcionário saber que está sendo registrada a retirada do equipamento.
- Fazer vistoria periódica no equipamento para verificar possíveis violações ou substituições.
- Avise imediatamente a administradora das máquinas, caso constate alguma irregularidade no equipamento.
- Usem sempre dispositivos modernos – hoje não se admite transação somente com tarja – por já existir o "chip" e senha muito mais eficientes quando se trata de segurança.
- Admita somente técnico credenciado pela empresa administradoras das máquinas, sempre os identificando e confirmando o agendamento da manutenção. Deixe-o saber que você está atento e vigilante e que filma todo os procedimentos.
- Evite vistorias ou manutenções não programadas – recentemente nos EUA um grande atacadista foi vítima de vazamento de dados de clientes e tiveram fuga em massa de compradores, somando prejuízos incalculáveis para a empresa – a falta de contratação de um profissional para orientar neste sentido pode ter posto fim a um império.

Estas medidas **isoladas** não protegem completamente o estabelecimento, há de se observar as outras medidas em nível de segurança orgânica que deverão ser tomadas em conjunto.

PREVENÇÃO DE ACIDENTES

Em linhas gerais, teceremos algumas considerações acerca da prevenção de acidentes que darão leve ideia da profundidade dos problemas encontrados nos mais diversos caos do cotidiano, os exemplos aqui comentados não esgotam o rol de possibilidades de falhas encontradas em determinado empreendimento, assim, para sanar estas falhas e as possibilidades de erros seria necessário analisar o caso concreto e montar um plano de segurança orgânica abrangente personalizado.

A prevenção de acidentes na grande maioria dos empreendimentos é ponto primordial para soluções da segurança, seja por enfatizar o ser humano seja para minimizar os custos com indenizações. O fato é que não se pode desentranhar a prevenção de acidentes de um plano de segurança realmente abrangente. O primeiro ponto para minimizar os riscos de um acidente é trabalhar na prevenção e isto se consegue com uma boa vistoria, feita por olhos treinados e com uso de técnicas modernas e métodos testados. Cabe salientar que sob este ponto de vista deve ser tratada toda a segurança. Por se tratar de tema extenso, trabalharei com princípios básicos e alguns exemplos:

No caso acima, a cerca eletrificada está muito próximo da sacada do apartamento do primeiro andar e, também, está muito baixa em relação ao solo. Este equipamento fora montado por um vendedor e não por um profissional de segurança qualificado.

Instalações: quando da instalação de qualquer solução de segurança, há de se voltar o olhar para prevenção de acidentes e para a potencialidade ofensiva do mecanismo aplicado. Uma cerca elétrica, por exemplo, não deve ser carregada com carga excessiva capaz de matar uma pessoa, relembro que o objetivo nestes casos é em última hipótese afastar o indivíduo e não de eliminá-lo; outro ponto observado é que em casos de chuva os seus fixadores não podem conduzir energia e irradiá-la para a cerca ou muro. Nestes casos, uma certificação do órgão responsável pela fiscalização (INMETRO) já daria boa margem de segurança.

Qualquer equipamento de segurança, uma vez instalado, deve garantir o não acesso de pessoas inadvertidas e crianças a estes dispositivos, bem como os obstáculos devem em ser montados ou retirados visando à inocorrência de acidentes (prevenção).

Prevenir acidentes é mais importante que o combate efetivo do mal. Observe a foto que foi extraída de uma escola infantil e o perigo estava aos "*olhos*" de todos e exatamente no parque infantil. Nesta mesma linha, vamos trabalhar com o exemplo de uma escola infantil neste primeiro caso: um ladrão entrou, ameaçou todos os professores e roubou uma máquina de xérox, dois computadores e o carro do diretor e foi embora sem danos à integridade física dos professores e alunos. O segundo caso: nesta mesma escola uma criança foge da sala de aula e se acidenta na cerca eletrificada da escola, colocada irregularmente acima do alambrado ou cai e fura o olho em planta mal alocada perto da cerca. Sem a menor sombra de dúvida a vida e a sua preservação são mais importantes que qualquer bem material; uma morte nestas condições, mancha para sempre o empreendimento. Todos estes motivos dão destaque à prevenção de acidentes dentro do contexto geral da segurança orgânica. Enfatizo que na elaboração de um plano de segurança orgânica, devem-se considerar aspectos internos e externos, sob pena de prejudicar o sucesso do investimento.

Neste condomínio residencial, existe um reservatório com milhares de litros de água e sem nenhuma proteção. Um cadeado trancando a tampa no chão minimizaria riscos de uma criança vir a cair ou de uma pessoa má-intencionada, colocar substâncias nocivas à saúde dos moradores na água.

O problema é bem visível: basta que uma criança ponha o dedo na engrenagem para que se configure o acidente. Esta é uma dificuldade comum em locais que utilizam portão que corre para lateral, inclusive em nossas residências. E fica especialmente mais perigoso se estiver instalado em locais que tenham como público pessoas sensíveis: crianças, idosos e enfermos. Nestes casos, o risco de um acidente é potencializado, tendo em vista as características individuais dos clientes atendidos. A resolução é muito simples e qualquer serralheiro pode reparar, o mais difícil é voltar os olhos para este "pequeno" problema e incluí-lo no rol de soluções.

Dois problemas envolvendo o mesmo produto: do lado esquerdo temos uma caixa d'água, com cloro ativo líquido, ligada a relógio dosador e misturador, adaptada para tratamento da água das residências de determinado bairro residencial. O local, onde a caixa com o químico se encontrava, era pouco seguro, abafado e de difícil acesso, pois existe um fosso próximo a ela sem as devidas placas de advertências nem isolamento do local, indicando a periculosidade do produto. Neste caso, a solução passaria por ventilar o espaço, restringi-lo com barreiras seguras (portões, fechaduras, cadeados etc.), colocar alerta específico para a substância e treinar o pessoal para um eventual acidente.

A segunda foto refere-se a um depósito de uma transportadora, onde são armazenados produtos de vários comércios da região. Neste caso, dois erros chamaram a atenção do vistoriador: o primeiro se refere à falta de preocupação do depósito em obter informações acerca do produto que armazena. Nem os funcionários, o gerente e o proprietário sabiam das características e das peculiaridades do cloro, simplesmente o armazenavam sem nenhum critério: próximo a álcool em gel e próximo a pneus – o problema da cultura de segurança tinha de ser implantado antes do início do negócio. Coincidentemente neste estabelecimento houve um incêndio numa parte do galpão e os bombeiros tiveram dificuldade de identificar o que estava queimando e o que poderia vir a ser queimado, este fato gerou estresse entre a guarnição de socorristas e o dono do prédio. Por sorte o fogo não alcançou uma coluna considerável de cloro que lá estavam empilhadas, iguais às que estão na foto acima. O segundo problema está relacionado com a falta de critérios no armazenamento. Vamos aclarar:

1. Há necessidade de fomentar a cultura de segurança entre os funcionários da empresa. É inadmissível lidar com produtos tão perigosos sem um mínimo de cuidado recomendado. Existem cursos que aumentam o nível de conhecimento desses funcionários evitando riscos desnecessários; a base está na educação e no treinamento.

2. Demarcar áreas especiais que receberão determinados produtos, local este privilegiado com relação à ventilação – com entradas de ar e perto de portas visando à facilidade quanto à carga e descarga de materiais e sempre que possível instalar dispositivos de teto contra incêndio – sprinkles.

3. Observar as características químicas de cada produto antes de armazená-los, tomando, inclusive, o cuidado de não juntar produtos químicos uma vez que essa combinação química desencadeia uma situação de perigo.

Educação e treinamento são investimentos positivos que trarão lucros e evitarão perdas maiores (vidas, bens materiais e o nome da empresa).

Neste outro caso, bastava aplicação de princípios de gerenciamento. Veja a foto acima: todos sabemos que não se deve dar acesso ao compartimento de gás a crianças e adolescentes, eles podem ter ideias não muito seguras para o condomínio. Neste caso fático, crianças estavam brincando de bicicleta dentro da área que deveria ser reservada para os botijões. A solução é o isolamento – restrição de área – treinamento e responsabilização do funcionário que cuida deste setor. Estas observações valem também para o fosso do elevador, terraços, quadro de eletricidade, estações de tratamento e outros do gênero.

CONSIDERAÇÕES FINAIS

Esta primeira parte nos leva a concluir que o sistema de segurança tem de ser visto de maneira global, trata-se de um conjunto de medidas que somadas irão minimizar a ocorrência de um fato indesejável. Com certeza, toda medida adotada irá apenas atenuar, aproximando ou distanciando dos 99%, de acordo com as técnicas e pessoal empregado; a mente humana é criativa por excelência e quanto mais preparado e sagaz for o profissional de segurança, maiores serão as chances de obter êxito frente à gama de ocorrências criminosas que assolam o mercado. Quem pode dar solução de segurança é um Profissional de Segurança.

Parte 2

EXEMPLOS DE ALGUNS INVESTIMENTOS EM SEGURANÇA FAMILIAR

A aplicação, no lar, dos fundamentos de segurança orgânica é um procedimento bastante tranquilo de se vislumbrar. Abaixo, enfatizarei esta aplicabilidade de maneira exemplificativa, destacando os quatro ramos da segurança orgânica. O ser humano necessita sentir-se seguro para crescer, até mesmo em locais onde impera o caos, basta uma trégua, por mais frágil que seja, e ... imediatamente o homem começa a criar.

Instalações em segurança familiar

A primeira coisa que se faz quando se adquire um terreno é providenciar o muro em torno dele, este sentimento não externa somente a posse, mas também inspira segurança. Para muitos, os muros representam a essência da segurança das instalações. Entendemos a importância de uma barreira física, embora também, sabemos que se trata de apenas um dos inúmeros obstáculos existentes – e como barreira de contenção eficiente em condições de cumprir com a função de frear invasões, deve seguir algumas normas técnicas além das impostas pelo projeto urbanístico da cidade. Então, vejamos: em casos "normais" tem como patamar inicial a altura de 2,50 m e pode variar, para mais, conforme o grau de segurança do local. Até pouco tempo o grau de paranoia do morador é que determinava a altura do muro. Modernamente um profissional de segurança com estudo detalhado de área pode determinar patamares a serem alcançados para minimizar as chances de invasão.

Tratando o muro individualmente, há necessidade de se ter vencidos estes 2,50 m de barreira e se mesmo assim a segurança não atingiu níveis aceitáveis, compatíveis com o padrão do local, pode o profissional de segurança indicar o uso de concertinas (espécies de arame farpado que ficam acima do muro). Trata-se de solução perigosa, daí a necessidade de pelo menos 2,50 m de barreira sólida. Nesta mesma linha e para a mesma função complementar, temos a estética arrojada das cercas eletrificadas. Estas, por serem equipamentos elétricos, necessitam de manutenção e instalação responsável. NÃO É RECOMENDADO INSTALAR UM EQUIPAMENTO DESSES SOMENTE COM A ORIENTAÇÃO DO VENDEDOR, BUSQUE UM PROFISSIONAL ESPECIALISTA NO ASSUNTO PARA ORIENTÁ-LO.

Em residências outra preocupação tão importante quanto à segurança é o valor do imóvel e o impacto negativo que um muro fechado de 2,50 m irá causar ao valor final do empreendimento. Este ponto também deve ser analisado pelo analista de segurança. Hoje, esta tarefa ficou mais fácil, pois o próprio mercado oferece soluções arquitetônicas, do tipo: pedras, madeiras, vidros, grades etc., que dispostos "harmoniosamente" proporcionam uma estética aceitável, sem comprometer o nível de segurança. Condomínios fechados investem na robustez da segurança nos arredores do condomínio. Para atingir este conforto condominial, o grupo deve manter confiáveis as barreiras montadas no todo, deixando os moradores tranquilos o bastante para só investirem na parte estrutural e estética de seus imóveis.

O mercado oferece uma enorme lista de equipamentos úteis que auxiliam a segurança doméstica, isso não obsta, no entanto, o uso profissional e comercial desses produtos, que são: interfones, trancas com correntes, fechaduras especiais, "olhos mágicos", câmeras de vídeo, dentre outros. A velocidade de fechamento do portão elétrico pode evitar que o proprietário seja vítima de um cidadão infrator que se aproxima de um ponto aproveitando-se da abertura. Um bom profissional de segurança ficará atento a estes pequenos detalhes e é importante acatar sua orientação.

Pessoal em segurança familiar

Treinar a família para procedimentos simples de segurança não é tarefa fácil, nestes casos domésticos e apesar de todo cuidado, é comum conhecermos pessoas que já viram ou sofreram algum tipo de violência que poderia ser facilmente evitável. Pelo simples fato de ter acontecido com alguém tão próximo, estes fatos deveriam servir de alerta, mas, o que frequentemente vemos é o aparecimento de doenças sérias. O processo que transfere princípios básicos de segurança para a família tem de ser lento e contínuo. Alguns procedimentos naturais de segurança que conseguimos culturalmente passar para nossos filhos são: não converse com estranhos, use o cinto de segurança, se beber não dirija, pegue na mão do papai pra atravessar a pista. É com essa mesma naturalidade que devemos tratar procedimentos preventivos no dia a dia com nossa família. Cartilhas distribuídas pelas polícias locais e na internet auxiliam nesta tarefa. Eleja as mais racionais e trabalhe de maneira natural, tranquila e sem estresse dentro de casa.

Outro ponto que não podemos deixar passar sem registro são as contratações. Para se contratar um auxiliar doméstico, seja ele jardineiro, motorista, segurança ou empregada doméstica, devemos seguir todas as orientações oficiais acima ditadas (vide Parte I). Trata-se de preceitos gerais e aqui se encaixam muito bem. No mercado, existem empresas gestoras de mão de obra, as quais fazem uma varredura na vida da pessoa e disponibilizam um profissional com certa "garantia". A fórmula mágica para o sucesso certamente não será dada por mim, porém, a fórmula certa para o fracasso e para o arrependimento está em fazer contratações sem nenhum critério. Você poderá estar levando para dentro de casa uma pessoa que trará problemas sérios de segurança. Ex.: se não encontrou uma babá de confiança, contrate uma creche reconhecida no mercado. Se não encontrou um motorista, use taxi etc.

O ser humano necessita de comunicação. Falar é uma necessidade, no entanto, é necessário, em se tratando de segurança, selecionar o que se fala, não só para os empregados, mas para vizinhos, prestadores de serviços, dentre outros. Jamais revele coisas do tipo: tenho arma em casa, guardo dinheiro em cofre, vou ao banco retirar grande volume de dinheiro, guardo joias caras em casa etc. Ninguém fora de sua família necessita dessas informações. Um problema sério que infelizmente assombra nossas famílias são as drogas e contra elas não há solução – interne o quanto antes o ente drogado, procure orientação de profissional do ramo e dê ao membro de sua família bastante força e amor para que ele possa superar esta fase. Não resista em procurar apoio médico. Um ente com problemas de drogas no lar irradia insegurança para toda a família e não há nada que o profissional de segurança possa fazer quando o problema está dentro de casa, as portas estarão abertas para ele/ela, você dorme com ele/ela, você vive com ele/ela. Enfim, não é a segurança orgânica que irá resolver este tipo de problema e sim uma boa clínica de recuperação.

Documental em segurança familiar

O lixo produzido por uma família diz muito a seu respeito, porém, em condições normais não há necessidade em elevar a segurança familiar para este patamar (seleção sistemática do lixo), onde se verifica dados comprometedores no descarte de objetos usados e transporte de lixo caseiro. O objetivo do deslocamento do material é evitar que se identifiquem coisas do tipo: padrão de vida, viagens, saldos bancários, etc. Estes dados são extraídos facilmente numa análise sucinta dos produtos que a família consome. Os cuidados recomendados são com cheques em branco ou preenchidos, títulos ao portador, contracheque – ninguém precisa saber realmente quanto você ganha. Cuidados simples e fáceis que lhe darão um conforto maior. Numa crise de segurança, com ameaça concreta, a aplicabilidade dessa técnica será importante.

Telemática em segurança familiar

Aqui não repetirei a necessidade de uso de antivírus, programas originais e atualizados. Chamarei a atenção especialmente para os jovens e adolescentes. Estas crianças, cada vez mais voltadas para a fantasia da web, se embrenham neste mundo tornando-se presas fáceis de pessoas com más intenções, geralmente de idade bem superior e de interesses diversos do declarado. Não é raro encontrar relatos de crianças que fugiram para se encontrar com namorado/namorada que nunca conheceram pessoalmente sem orientação e autorização dos pais; outros que se alistam em exército revolucionário e fogem para o meio da selva com promessa de vida cheia de oportunidades e aventuras; outras vítimas do tráfico de pessoas que irão para outro país servir ao mercado sexual. A vigilância na internet não pode ser ignorada quando tratamos da integração da segurança, pois de nada adiantará morar numa fortaleza, ter funcionários credenciados, tratar de seus documentos tal como um cartório e perder seu filho para guerrilheiros ou ter sua filha como escrava do sexo no exterior. Busque orientação, um bom profissional de segurança pode indicar ferramentas para uso na web, onde os pais podem gerenciar os passos dos filhos e monitorar seus relacionamentos. Não estamos falando em quebra sistemática de privacidades, porém, considere o fato de que na balança está a segurança do seu bem maior – filhos – e do outro lado um discurso fácil e de aplicabilidade falha que não apontam outras soluções igualmente eficazes. Reconhecemos a força do diálogo e da Educação, mas primamos também por aspectos objetivos na hora da proteção familiar. Nesta linha de pensamento, recomendo programas que bloqueiam o acesso por palavras chaves ou por tema e em casos críticos existem outros que rastreiam e fazem cópias de conversas em e-mails ou salas virtuais de conversas. Considerando a velocidade dos avanços na área de telemática é sempre recomendável buscar orientação de profissional. Reforço que vigiar os filhos faz parte da educação.

EXEMPLOS DE ALGUNS INVESTIMENTOS EM SEGURANÇA COMERCIAL/INSTITUCIONAL

O campo de atuação do profissional de segurança é bastante amplo e uma vez chamado a atuar deve, ele, estar pronto, apto a dar as respostas para as falhas levantadas e apontadas. Eis alguns ramos em que podem atuar o profissional de segurança e como devem, os respectivos empresários, **investir** satisfatoriamente em segurança. Contudo, sem esgotar os problemas dos segmentos apresentados, apenas dão uma *levíssima* ideia da dimensão da análise a ser feita no caso concreto:

EM UM CONDOMÍNIO RESIDENCIAL

ROTINA DE UM CONDOMÍNIO RESIDENCIAL: em um condomínio de residências, necessário se faz controlar o patrimônio que se traduz em bem comum; controlar as portarias, que também são preocupações que não podemos deixar de anotar. A distância de uma casa para outra, o número de funcionários que frequentam as residências, controle de água, conflitos entre vizinhos, controle das áreas de lazer etc. Todo este cotejo é feito em âmbito geral, pois cada residência guarda uma série de necessidades que aferidas caso a caso se chegara a diferentes soluções para os problemas.

Instalações em um condomínio residencial

A portaria de um condomínio deve ser montada com suporte mínimo para promover um sistema de segurança que atenda aos moradores, visitantes e emergências. Um dos erros mais crassos no tocante às instalações de uma portaria está em não prever a entrada de caminhões do corpo de bombeiros e viaturas equipadas com UTI, exatamente por serem carros maiores e que necessitem de altura para transitarem, logo, altura e largura numa portaria são itens de sobrevivência que devem ser corrigidos em primeiro plano pelo dono do empreendimento orientado pelo profissional de segurança e pelo responsável pela construção. Nestes casos, não cabe ao Profissional de Segurança imiscuir-se em questões de construção – mas sim alertar para questões unicamente voltadas para segurança.

Outro ponto é a instalação de sistema de monitoramento de qualidade em toda extensão do condomínio (ideal). A técnica de distribuição que viabiliza monetariamente este projeto em grandes extensões, sem contudo fragilizar a segurança, consiste em eleger pontos sensíveis e em cima destes locais instalar câmeras de alta resolução ficando os demais pontos abrangidos por câmeras de resolução mais baixa que identificam os fatos e movimentações, as câmeras com mais definições instaladas nos pontos sensíveis captam imagens destes pontos de passagem obrigatória.

O sistema de registro de entrada deve guardar uma carga de confiabilidade, baseando em aferição de documentos, cópias digitais e fotografia. Os sistemas devem quebrar a inércia da rotina errada, sempre auxiliando o homem a minimizar os erros do dia a dia. Os funcionários executores da segurança devem ter meios de locomoção, sempre com rapidez, proteção e eficiência, para fazer frente a um chamado. A ronda deve ser engajada e profissional (terceirizada ou não).

Pessoal em um condomínio residencial

Partindo do pressuposto que se tenha uma portaria moderna e que o pessoal apenas necessite de conhecimento e de padronização de suas ações, o incentivo para que se crie uma cultura de segurança deve partir da administração do condomínio e na imposição aos quadros de funcionários, irradiando de forma natural para os moradores. Aos residentes, caberá cumprir as normas de segurança aprovadas e impostas a todos. O grande "Plus" dos condomínios está em demonstrar para os moradores que se investiu muito em segurança e que ele é peça fundamental para fazer valer os princípios ali aplicados.

Documental em um condomínio residencial

O trato com documentos, neste caso, tem sua base geral calcada nos princípios descritos no início deste trabalho, porém, destacaremos pontos observados que causam certa preocupação quando visitamos os vários condomínios.
- Manter o quadro de chaves das caixas dos correios dos moradores em locais impróprios de acesso fácil por terceiros. Este procedimento se traduz em erro gravíssimo, pois é de responsabilidade do condomínio a guarda das chaves evitando que elas cheguem a mãos indesejadas.
- Locais onde ficam as caixas dos correios não são monitoradas por CFTV. É importante registrar as imagens para controle e proteção da privacidade dos moradores, inibindo ação de vandalismos e de invasões.

No exemplo da foto, trata-se de local onde são postadas as correspondências dos moradores. Note que inexiste vigilância eletrônica traduzindo-se em comprometimento à segurança dos residentes, porém, o mais grave é a existência de dois banheiros públicos (marcados pelas setas). O local, disponibilizado para correspondências, deve ser reservado e de acesso controlado, preferencialmente por biometria.

Ainda acerca dos documentos em um condomínio residencial

- Infelizmente na produção de documentos não se tomar os devidos cuidados e é erro recorrente nos condomínios, a produção de várias cópias para serem modificadas, ficando expostas no lixo comum. Estes documentos podem conter informações reservadas que eventualmente possam parar em mãos indesejadas. Há necessidade de uma "trituradora" de papéis.
- HDs externos são usados em larga escala, sem, contudo, haver preocupação em protegê-los ou em formatá-los rotineiramente. Ainda com relação aos HDs externos, observa-se o uso de "pendrives" particulares facilitando a retirada de documentos em meio magnético. Estes apontamentos em mãos erradas podem causar prejuízo ao condomínio.
- Funcionários não protegem de forma adequada os documentos que não devem ser expostos ao balcão ou à mesa, quando estão atendendo ao público.

Telemática em um condomínio residencial

Basicamente seria: observar onde são impressos os documentos e manter atualizado o antivírus e sistema operacional. Evitar que pessoas estranhas aos serviços tenham acesso aos computadores e quando enviar mensagem de e-mail o faça com cópia oculta evitando enviar também a mala direta dos moradores.

EM UM CONDOMÍNIO PREDIAL

ROTINA DE UM CONDOMÍNIO PREDIAL: A portaria central recebe todo tipo de encomenda, o porteiro tem fração de segundos para separar uma simples entrega de pizza de um falsário tentando ingresso de forma ardilosa. Nota-se, também, entrega de gás, companhias elétricas e de água, serviços de TV a cabo, entra e sai de moradores e visitantes. Como vemos, não diferente dos outros condomínios residenciais, Inevitavelmente a rotina de segurança passa pela portaria central. Não há relatos significativos de quebra de segurança que não passe necessariamente pela portaria. Nestes casos, enfatizemos a função do porteiro que seguindo rigorosamente o Plano de Segurança Orgânica e agindo com sagacidade e perspicácia pode evitar invasão.

Instalações em um condomínio predial

A instalação de "gaiolas" ou portas giratórias na portaria, dispositivo que só libera um estágio se vencido outro, inibe a entrada forçada de um invasor, pois o porteiro, no caso de uma invasão, tem a opção de manter o bandido preso no primeiro estágio até a chegada das autoridades. Lógico, para segurança do agente que ali opera, deseja-se que o vidro seja coberto com película refletiva e à prova de balas.

Pessoal em um condomínio predial

Seguindo a lógica deste tipo de condomínio deve se dar atenção especial ao porteiro. A ele deve ser pago um salário justo e ministrados cursos de capacitação na área de segurança. Na contratação desse profissional, exige-se uma seleção aprimorada do perfil, buscando características como presteza, sapiência, destreza e grau de instrução compatível com o público cliente. O porteiro deve privilegiar as ações em grupo e sempre que houver um princípio de confusão onde seu parceiro encontra-se envolvido, a simples chegada e tomada de postura atrás do colega, agindo como observador, inibirá a progressão da confusão, esta recomendação vale para todos os ramos de segurança onde há possibilidade de progressão das discussões.

Conhecer todos os moradores, ou ter meios de fazê-lo, é condição obrigatória para que o porteiro comece a trabalhar, ou seja, antes de deixá-lo responsável por um turno na portaria há a necessidade de acompanhá-lo e treiná-lo. A propósito disso, o treinamento do pessoal deve abranger também uso dos equipamentos, de documentos e de instalações dentro do rol de atribuições da segurança; lembremos que o porteiro lida com o direito de ir e vir das pessoas, logo, sua análise tem de ser a mais profissional e a mais baseada em normas objetivas possíveis, sob pena de responsabilização do condomínio. O porteiro não deve ser rude a ponto de agredir direitos de moradores, porém, a ele é vedada a omissão, devendo agir com rigor (uso moderado da força), sempre que a segurança do condomínio for ameaçada.

Documental em um condomínio predial

As correspondências de residentes, a lista de moradores com endereços deles, relatório de ausência dos proprietários e documentos relativos à administração do condomínio, tudo deve ser objeto de proteção. O porteiro, nestes casos, deve saber apenas o que for estritamente necessário, indispensável para o exercício de seu trabalho, ficando assim comprometido com o sigilo de tais informações. É erro o porteiro comentar sobre a situação de moradores com outros moradores ou funcionários. Este procedimento tem de ser interrompido. Estas recomendações valem tanto para porteiros quanto para secretários, demais funcionários e síndico.

Telemática em um condomínio predial

Basicamente seria: observar onde imprimir os documentos e manter atualizado o antivírus e o sistema operacional. Observe as regras de proteção de e-mail (mala direta), mande os arquivos para vários usuários utilizando a opção Cco. – com cópia oculta – isso dificultará o envio dos endereços de sua mensagem para pessoas indesejadas.

Exemplo prático de otimização dos recursos de segurança condominial – integração das portarias

Fragmento do projeto que encampamos pelo CONSEG Jardim Botânico DF – RA XXVII-2012. Segurança Compartilhada

A maioria dos ataques nos condomínios passam indubitavelmente pela portaria – única entrada e saída de pessoas – isto se considerarmos que não haverá falhas na cercania e for implantado um bom plano de segurança orgânica no estabelecimento. Logo, a proposta do projeto é tirar do isolamento estas portarias, por meio de vigilância eletrônica aliada aos recursos humanos, (válido também para caixas dos estabelecimentos comerciais). Dote estas entradas principais (grupo de 3 Condomínios), com câmera de vídeo de alta resolução com infravermelho para visão em baixa luminosidade sendo que as portarias interligadas teriam visão uma das outras em tempo integral, com checagens periódicas e uso de gestos preestabelecidos indicativo de OK. Ao menor sinal de irregularidade seria acionado o policiamento local. Este projeto tem como base um condomínio que está avançado no trato com segurança, para estes, o investimento será baixo e rápido, pois estou considerando a estrutura já existente. Entendo que outros condomínios que tenham dificuldades estruturais de cercania e de pessoal, venham a evoluir muito e em pouco tempo se resolverem seus problemas primários e adotarem este procedimento sugerido. O fato de formar grupos de três em três se deve às características de cada condomínio e ao grau de confiabilidade, bem como para facilitar o controle de pessoal envolvido na vigilância. Caso não seja possível a reunião de três empreendimentos o processo deve ser implantado com dois, quatro e no máximo cinco condomínios, volto a reforçar que o número ideal é três, isto por perceber que esta estrutura reduzida traria melhor logística tanto na montagem, quanto na operacionalização do projeto. A proximidade física é importante por conta da economia de material, cabos, sinal etc.

EM SUPERMERCADO

ROTINA: Chegada de mercadorias, saída de mercadoria, controle de fluxo de caixa, retirada da movimentação diária, reposição de mercadorias, entrega de mercadoria, controle de promotores, controle de estoque. O proprietário de um supermercado tende a focar sua atenção para questões de menor importância e isso se deve à má orientação ou falta dela. Neste caso, o empresário que está desprovido de qualquer orientação quanto à segurança, encontra-se em vantagem, se compararmos com outro empresário que contratou uma segurança falha que lhe passa falsa ideia de conforto, colocando em risco a integridade física sua e de sua família. Este erro crasso se materializa quando um cliente confia sua segurança para um "falso" profissional, que apenas expõe fantasias criadas por sua imaginação fértil e além de aumentar os riscos com a exposição com a falsa sensação de segurança, ainda dá vazão para exageros por parte do empresário. Nossa "legislação" é falha quando se trata de punir os criminosos, porém, ficar sentado filosofando acerca do assunto não ajudará em nada nesta batalha travada no dia a dia do mercado. O maior inimigo (ameaça) de um comerciante, certamente, não é um pobre coitado que almeja um crime famélico, que furta um pacote de arroz para comer; um inimigo digno de preocupação será certamente identificado num drogado descontrolado ou pior no crime organizado na busca de ganhos rápidos para dar suporte para o cometimento de crimes maiores. Encontrar o inimigo (ameaça), voltar à visão para aspectos que realmente interessam, este é realmente o grande desafio a ser vencido na busca de um plano de segurança bem elaborado. A política de segurança deve extrapolar os limites da empresa e acompanhar o empresário e sua família em todas as suas atividades, dentro e fora da empresa. Não se trata de implantar a paranoia desenfreada, mas sim de manter níveis aceitáveis de atenção, um pouco mais acentuados, proporcionalmente ao patrimônio da família, local de atuação e tipo de negócio. Quanto maior o patrimônio, maior é a cobiça alheia e maior deve ser o nível de organização, atenção e segurança. Sempre que temos uma dor de cabeça vamos ao médico para buscar as causas desses sinais do corpo. Tomar um chá às vezes resolve, porém a verdadeira causa dessa dor de cabeça fica oculta e pode ser um aviso de pressão alta que culmina em infarto; com segurança não é diferente, quando se tem problemas relacionados com quebra de segurança, não é recomendado contratar um VENDEDOR seja de cerca elétrica ou de câmeras de vídeo etc. Chame de imediato um profissional e minimize as chances de um colapso em sua empresa. Vários problemas "assombram" a equipe de segurança de um supermercado, dentre eles e um dos mais preocupantes é o controle dos inúmeros caixas e o respectivo controle de perdas. A equipe de segurança tende a entrar num círculo de rotinas que se na origem for mal estruturado, mergulhará a empresa numa série de procedimentos inúteis, mascarando o principal problema. Cabe lembrar que cada empresa tem suas peculiaridades e dentro destas características é que trabalhará o profissional de segurança resolvendo as dificuldades no caso concreto. Demonstraremos alguns pontos extraídos do caso observado:

Instalações em supermercado – caso concreto

Foto 1: http://www.google.com.br/imgres?imgurl=http://blog.ambientebrasil.com.br/wp-content/uploads/2010/02/

Foto 2: http://www.google.com.br/imgres?imgurl=http://eupodiatamatando.com/wp-content/uploads/2010/06/super-mercado.jpg&imgrefurl=http://eupodiatamatando.com/2010/06/04/acidente-no-super-mercado

Dentre os problemas relacionados com a segurança das instalações em um supermercado, deve-se observar toda estrutura física do empreendimento, analisando aspectos ligados para contensão de invasores e evasão de lucros. Analisaremos abaixo alguns problemas mais recorrentes:

- **Caixa:** não se afastando do fato de que o uso do cartão de crédito tende a extinguir o uso de papel moeda em transações deste tipo, enquanto isto, recomendamos que o caixa deva ser monitorado por pelo menos duas câmeras para cada gôndola: Uma oculta e outra ostensiva que pode cobrir uma área maior, inclusive com placa indicando a sua existência; esta necessidade é em decorrência da operação ali realizada; a câmera ostensiva tem a função de inibir um ataque externo e de coibir uma atuação de fraude por parte do operador de caixa. A câmera em questão servirá, tão somente, para impor um efeito psicológico, pois, sabendo que o estabelecimento dispõe de dispositivo de filmagem poucos terão disposição em tentar furar a segurança. A câmera oculta, por sua vez, se destina a pegar quem se dispuser a burlar o sistema, ignorando o fato de no local haver dispositivo de imagens; esta técnica pressupõe gravação em separado, com sistema oculto e inteligentemente colocado. Neste caso, o ângulo de cobertura deve ser específico e cuidadosamente estudado para registrar o momento em que o fraudador relaxa a guarda por se achar fora do foco da câmera ostensiva. O posicionamento dessa câmera oculta deve ser objeto de avaliação periódica por equipe especializada. É recomendado também fazer rodízios entre os caixas com o objetivo de evitar que o operador explore alguma fragilidade física da máquina. Nestes rodízios é que entram as entrevistas (escritas), solicitando informações acerca do equipamento e pedindo sugestões para melhoria dos serviços.

- **Depósito de mercadorias:** aqui trabalha um funcionário vital para o setor que é o CONFERENTE. É ele o responsável pelo acesso ao depósito, que por sua vez, deve ser feito por dentro da loja e em local também monitorado por CFTV. É fundamental o uso de câmeras ostensivas e câmeras ocultas.

- **Banheiros/sala de café etc.:** é importante manter estes serviços diferenciados para maior conforto dos clientes, porém, sua localização tem de ser estudada sob a ótica da segurança, nunca coloque estes serviços próximos ao escritório, aos caixas, ao depósito ou outros departamentos sensíveis. O mau posicionamento de alguns destes itens de maneira a dar acesso visual ao escritório, por exemplo, facilitará a vigilância por terceiros com intenções duvidosas e, além do mais, dificultará para a segurança do mercado fazer a identificação de atitudes que visam comprometer o serviço de segurança. Não devem ser mantidos pontos cegos de modo que facilitem a vigilância de bandidos (um bom arquiteto orientado pela segurança resolverá o problema).

- **Vizinhança:** sempre que possível busque verificar a vizinhança onde irá montar o supermercado – faça o cotejo sob o ponto de vista da segurança, se possível opte por pontos próximos de delegacias ou postos policiais; reforce – de acordo com a necessidade – paredes limítrofes e afaste dos cantos o escritório – mantenha-o centralizado no imóvel. Exemplo de caso de vizinhança indesejada aconteceu no assalto do banco em Fortaleza – CE, onde uma quadrilha invadiu o banco depois de vários alarmes falsos e numa "jogada" de final de semana levou milhões em notas usadas. Claro que o exemplo não se encaixa perfeitamente para supermercado, porém, pode facilmente uma quadrilha alugar uma residência com documentos falsos e num final de semana retirar calmamente produtos valiosos desse mercado com um simples buraco na parede de uso compartilhado. Atente para os seus vizinhos, observe comércios do tipo: transportadoras, depósitos de bebidas, depósito de materiais de construção. Note que o foco está no tipo dinâmico e volumoso das atividades, sempre com o uso de caminhões para encobrir o transporte de produtos retirados do local invadido. (Recomendações perfeitamente adaptáveis para outros ramos comerciais).

- **Saídas secundárias:** é importante manter saída secundária para que o proprietário do imóvel, use eventualmente em suas saídas rápidas. O uso dessas saídas deve ser "inteligentemente" planejado para não configurar como ponto fraco na segurança, tudo tem de ser mantido sob os princípios básicos da segurança e por ela acompanhado. A existência de duas saídas dificulta eventual vigilância em cima do proprietário do estabelecimento, quando os infratores pretenderem planejar um sequestro, por exemplo.

O ideal sob a ótica de segurança seria resolver todos estes problemas e encontrar todas as soluções partindo da origem, da planta. Lógico que adaptações e soluções secundárias tomadas depois de pronto o prédio eventualmente terão de ser adotadas, mas a estrutura geral gozará de projeto que contemplando soluções macro minimizaria em muito as demandas futuras.

Pessoal em supermercado

Antes de iniciarmos este tópico é importante que se diga que para a empresa os bons funcionários são tudo, sem eles nada seria possível, mas nem tudo é perfeito e em análises de casos concretos verificamos que um funcionário mal-intencionado pode voltar sua energia negativa para causar prejuízos à empresa. Atitudes como a de fraudar o caixa são corriqueiras nestes estabelecimentos e, neste caso, a empresa sempre estará um passo atrás, em se tratando de detecção de fraudes. Considerando esta realidade, o profissional de segurança adotará rotina de rodízio de caixas, análise de imagens e entrevistas pontuais com o fim de vislumbrar possíveis golpes. A criatividade aliada à rotina do funcionário o torna especialista no trato com o equipamento, e o profissional de segurança deve estar atento a esta possibilidade para pegar um "atalho" na pretensão criminosa do fraudador, antecipando-se aos acontecimentos e prevenindo fuga de capital. Neste caso, a prevenção e de fraudes estará um passo à frente da tentativa do golpe. Erro comum observado em alguns empreendimentos vistoriados é a contratação de equipe para ficar correndo atrás de dona de casa que esconde em sua bolsa um creme de pele, ou um adolescente que coloca em sua mochila um chocolate. Os pequenos furtos são problemas que necessitam de enfrentamento direto e carecem de resposta rápida e certeira por parte do empreendedor. Contudo, ficar única e exclusivamente voltado para este fim, focá-lo como problema central de segurança, implicará uma rotina inútil e cansativa, tal como um "cão correndo atrás do rabo". Um bom posicionamento de câmeras tanto ostensivas quanto ocultas e uma boa análise de imagens aliadas à informação contínua dos corredores diminuirão em muito estas incidências. O combate macro, feito de maneira abrangente cobrindo os pontos mais avançados, abrangerá, com certeza, os pontos menos graves.

Outra recomendação é no sentido de que o funcionário de confiança não seja confundido com amigos confidente, este erro pode custar caro para o empreendedor pois o profissionalismo deve imperar dentro do estabelecimento. Eis algumas funções importantes num supermercado: caixa, fiscal de caixa, conferente, gerente, motorista, entregador, repositor de prateleira, açougueiro dentre outros. Destas, as quatro primeiras – considerando um mercado local de pequeno/médio porte – merecem atenção especial, por se tratarem de cargos que lidam diretamente com os bens e valores da empresa. Estes cargos levam em conta para sua assunção, características especiais, que necessitam de cuidados e estímulos certos para manutenção; logo, a companhia está lidando com profissional experiente e com tempo considerável de casa e que tem características que o diferenciam dos demais (conhecimento sobre o patrimônio da empresa, sobre os familiares do empresário, conhecimento da rotina da empresa etc.) e estes conhecimentos, se passados para pessoa errada, podem voltar-se contra a empresa. Isto se deve ao mau acompanhamento dos funcionários e ao excesso de informações de caráter sigiloso "despejadas no ar". O problema aparece em forma de resultado negativo por parte do funcionário usando de seus conhecimentos para fraudar a empresa.

Além destes complicadores, observa-se a necessidade de manter entrevistas periódicas, visando ao acompanhamento pessoal com implantação de controle rigoroso de área. A empresa tem um gasto muito alto na formação de um bom funcionário e não é producente perder este investimento no pessoal por exclusiva falta de acompanhamento, *manter o funcionário íntegro é função também da empresa*. O sucesso de uma boa política de segurança passa necessariamente por correlação dos fatores que a integram, de maneira obrigatoria: Instalações, pessoal, documental e telemática.

Buscar informações em fontes humanas (informantes), é atividade típica das polícias, tendo em vista ensejar uma série de cuidados de difícil controle, porém é sabido que alguns empresários se utilizam dessa técnica com o fim de obter respostas. Alerto para o fato de que esta técnica demanda uma série de condições que somente surtirá o efeito desejado se for bem orientada por profissional de segurança. O uso desse tipo de fontes deve ser trabalhado com talento e conhecimento de causa mantendo o informante controlado e sob distância dos acontecimentos da empresa; nunca dê informações ao informante, ele pode não ter fidelidade e exclusividade a você, dele apenas extraia informações. Logo, não inverta o papel. Já houve casos em que um informante habilidoso transformou o empresário em fonte de informação e com base nos informes colhidos planejou, sequestrou e matou o "patrão". Aí está um exemplo claro de falha exclusiva no controle de fontes humanas.

Documental em supermercado

Cuidado especial deve ser dado aos documentos que versam sobre controle de mercadoria e controle de caixa. É recomendado adotar medidas em conjunto com a divisão de informática. Não basta informatizar e não investir no aperfeiçoamento do pessoal, o treinamento deve ser sistemático e contínuo inclusive quanto ao uso de programas específicos (controles internos) e genéricos (sistema operacional) adotados pela empresa. Cuidado com lista de clientes, de fornecedores e devedores. Avalie a hipótese de digitalizar e manter atualizados os backups armazenando-os em locais fora do prédio da empresa, se possível, opte por escritório de contabilidade contratado. A vanguarda na informática elimina falhas que podem ao final, se somadas, chegar a valores astronômicos. Eis alguns exemplos de soluções que devem integrar o sistema de segurança: código de barras, sistema de alarmes inteligentes e sensores magnéticos ocultos nas mercadorias de maior valor, sala de vigilância equipada com rádio comunicação integrando equipe de base com equipe de campo.

EM UMA FÁBRICA

ROTINA DE UMA FÁBRICA: Em uma fábrica, as rotinas e o dia a dia variam de acordo com o produto ali produzido, contudo vamos focar na entrada de matéria-prima, saída de produtos acabados, manuseio de maquinário pesado, controle administrativo/social e psicológico dos funcionários, treinamento constante, rotatividade de funcionários, saída de matéria trabalhada, guarda de segredos das fórmulas dos produtos e proteção da carta de clientes. Pontos estes, que reputo comum na maioria dos empreendimentos dessa natureza.

Instalações em uma fábrica

Vários problemas são observados quando tratamos da segurança de uma fábrica e cada detalhe deve ser estudado no caso concreto, sob as condições da fábrica e levando em consideração a peculiaridade do produto. Focarei no transporte dos industrializados (necessidade) e no roubo de carga (problema), estas duas atividades pertencem ao tópico específico das operações da empresa.

Tirando as preocupações técnicas operacionais do tipo: locar fábrica próxima da matéria-prima, junta da mão de obra de baixo custo e próxima do polo consumidor e rodovias etc., restam as preocupações de segurança: locar uma fábrica sem observar o mínimo de condições de segurança institucional é um erro grotesco. Para todos os ramos temos provado que a força da segurança está exatamente em sua integração com o poder público e em especial esta atividade cobiçada por toda região que espera desenvolvimento.

Várias são as atividades sensíveis de uma fábrica, mas transportar o produto acabado já com os valores agregados é operação que enseja bastante atenção por parte da equipe de segurança. Vejamos um exemplo prático: hoje sabemos que existem quadrilhas especializadas em roubar determinados produtos, sabe-se que as ações dos criminosos mudam de acordo com a variação do mercado. Estas quadrilhas têm a fábrica como o local certo para se obter grande quantidade de determinado produto, e como existe um custo para se retirar a mercadoria e removê-la de um ponto a outro, bem como as fábricas geralmente são cobertas por segurança orgânica e com muitos funcionários, os bandidos optam por roubar a carga no momento de seu transporte se utilizando da logística empregada pelo fabricante ou transportador terceirizado, fazendo desta atividade a mais arriscada. O fato de terceirizar o transporte não isenta por completo o fabricante de prejuízos quando suas cargas são desviadas. Nestes casos, vários problemas indiretos são sofridos pelo empreendedor: aumento do preço do frete, aumento do preço do seguro, problemas relacionados com certeza de suas entregas etc.

A solução adotada para minimizar estes problemas vai desde a utilização de comboios programados até o uso de escolta armada, depende do fato concreto. Outros dispositivos de segurança são úteis, e dentre eles, destacamos o uso de rastreadores duplos – um ostensivo e outro oculto na carga e/ou caminhão, pode ser usado também plano de rotas que alternaria de acordo com tabela passada no último momento ao motorista, dentre outras. O controle das saídas é importante para identificar número de lotes roubados – Importante manter lotes numerados, isto porque sempre que um lote for desviado facilitará, em muito, a identificação do material e o mapeamento dos possíveis receptadores, ajudando na investigação.

Documental em uma fábrica

A preocupação maior de um fabricante é manter em sigilo o segredo de seu produto, a fórmula com a qual ficou famoso e conhecido no mercado. Isto posto, é fundamental manter esse "segredo" protegido e isso pressupõe um número reduzido de pessoas que devam conhecer o processo inteiro. Uma boa técnica seria dividir a fábrica em setores, e cada setor específico sabe exclusivamente o procedimento pertinente a uma única etapa, mesmo assim cercada de ações que visam dificultar a difusão do conhecimento.

Além dos cuidados acima mencionados, nunca é demais salientar que proteção física documental está intimamente relacionada com cofres e bancos, arquivos eletrônicos com criptografia etc.

SEGURANÇA EM MATERIAL DE CONSTRUÇÃO

ROTINA DE UM EMPREENDIMENTO COMERCIAL: Vamos tomar por base um revendedor de materiais de construção: a rotina começa com a abertura da loja e do caixa, procedimentos de venda no balcão e entrega da mercadoria. O fechamento do caixa é ponto chave, para grande maioria dos pequenos e médios comerciantes pois esta operação envolve o deslocamento do apurado do dia para o banco ou para o cofre e, como atividade sensível que é, deve observar alguns pontos fundamentais: o local de armazenamento, o sigilo quanto ao horário do deslocamento e quanto ao quantitativo retirado da loja, (valem aqui as dicas dadas para o supermercado). *Quando tratamos de segurança devemos sempre observar a cultura local, o grau de desenvolvimento, o comprometimento e entrosamento estatal, sob pena de parecermos um comediante quando aventurarmos numa palestra sem a observância do caso concreto. Cada cultura trará um problema diferente e consequentemente uma solução diferente.*

Instalações: segurança em material de construção

A instalação deste estabelecimento não demanda exageros de aplicações. Um monte de areia, uma pilha de tijolos e várias toneladas de cimento não são cargas fáceis de serem carregadas. Proteção maior, porém devem receber outros artigos mais valiosos, tais como: registros, acabamentos do tipo pastilhas, faixas decorativas, elétricos dentre outros de tamanho reduzido e de preço avançado. Materiais estes que são facilmente separáveis em um depósito reforçado. O uso de câmeras de TV também é bastante recomendado logo, o circuito de câmeras deve também focar pontos sensíveis, tais como: entrada e saída da loja, entrada e saída do depósito e no escritório. Quando da instalação devem ser observados câmeras ostensivas e ocultas de acordo com item já visto. Os montes de: areia, tijolos, brita e demais do gênero não podem ficar próximo às cercas, pois serviriam de suporte para saída rápida de intrusos. Os cães são recomendados, desde que sejam treinados para guarda.

Observe (neste caso real), a altura da cerca em relação ao monte de areia e em relação ao suporte do toldo, todos dão condições para uma saída rápida do estabelecimento. Além do mais, o monte de areia seria usado para ocultação de bens e depois pelo lado de fora, por estarem próximos à cerca, serem retirados com a maior facilidade em horários que a loja já estava fechada, não causando suspeita, pois o autor do "roubo" saiu do estabelecimento com as mãos vazias, ficando o ônus da desconfiança para os que lá permaneceram. Conforme dito acima, essas recomendações valem tanto para brita, tijolos, dentre outros. (Na ocasião dos fatos inexistia qualquer aplicativo de segurança no local).

Pessoal: segurança em material de construção

Em se tratando de procedimentos corretos, o ideal é iniciar as mudanças relativas à segurança de dentro para fora, ou seja, de casa passando pelo lazer até chegar ao trabalho. O desafio maior é fazer o empresário entender esta necessidade – alguns conseguem vislumbrar as perdas oriundas de um ataque, porém, apostam que não sofrerão golpes mais duros a ponto de inviabilizar seu negócio e neste sentido não investem em segurança. A boa notícia é que este pensamento está mudando, acreditamos que em curtíssimo espaço de tempo teremos uma procura muito grande para este tipo de serviço, bem maior que o mercado poderá oferecer de mão de obra especializada.

Tratemos então de pessoal, neste tipo de negócio e, sem dúvida alguma, posso afirmar que os funcionários de um estabelecimento comercial são juntamente com o empresário os pontos mais sensíveis do empreendimento. Muitas vezes, um bom funcionário se perde nas facilidades e nos vícios encontrados e não sanados num comércio. Eis algumas recomendações:

- **Controle de pessoal é imprescindível:** faça um rigoroso levantamento dos antecedentes comerciais e da vida do profissional que espera contratar para trabalhar em seu empreendimento, ele é o ponto de partida e sua idoneidade moral deve falar mais alto que sua capacidade de venda. Todo lucro alcançado por intermédio de um funcionário problemático será perdido em fraudes e prejuízo por ele causados ou por implantação de dispositivos para vigiá-lo. O estresse com essa relação de desconfiança só fará mal à saúde de todos. Sem confiança... sem emprego. Sempre que sou procurado por um empresário pondo em questionamento a idoneidade de um determinado funcionário eu recomendo a demissão imediata. Primeiro a nossa legislação é dura em relação ao flagrante preparado e fatalmente uma eventual "armadilha", além de dispendiosa, cairá nessa calha jurídica. E segundo, se o funcionário for honesto, e ele não conseguiu demonstrar esta condição para o seu superior, prova disso é a desconfiança do chefe em suas ações, note que uma vez quebrada esta tranquilidade o melhor caminho para os dois é o afastamento definitivo.

- **Controle rigoroso do estoque:** Não se admite a hipótese de um empresário desconhecer o que tenha em sua loja, logo, a implantação de um controle eficiente do estoque é fator determinante que irá separar o lucro do prejuízo. A recomendação é que se informatize o controle.

- **Estoque atrelado à entrega. Montagem de estrutura Física de controle:** O ideal seria quando da construção de um empreendimento fosse expedido um plano de segurança orgânica adaptado ao ramo do negócio que irá ser montado. Isto é uma fantasia em se tratando da cultura comercial do nosso país; muitos comerciantes começam vendendo um determinado produto e se veem obrigados a migrarem para outro, de acordo com a variação do mercado. O objetivo do comerciante é seguir o lucro e para onde o dinheiro vai, atrás dele estará um empresário, porém, isso não impede que este antes da migração para um novo ramo consulte um profissional de segurança com o fim de evitar perdas e prejuízos relacionados com falhas do sistema de segurança. O controle por meio de circuito fechado de TV se faz necessário para recuperar imagens e esclarecer pontos obscuros. Um profissional de segurança deve "varrer", periodicamente as imagens do circuito interno de TV à procura de falhas no sistema, buscando-as e sanando-as quando encontradas. Eis exemplos de falhas que podem ser facilmente detectadas com uma varredura simples:

1. Entrada e saída de fornecedores: Acesso indiscriminado ao depósito. Não deve ser admitida entrada de pessoas não autorizadas no depósito, bem como as pessoas autorizadas não devem entrar com mercadorias sem o devido registro e as saídas somente com a expedição da nota fiscal confirmando a venda do produto. Todo acesso ao depósito deve ser assistido por CFTV com aplicação de câmeras ocultas e ostensivas.
2. Insistentes visitas de um "freguês" que nada compra ou que compra coisas irrisórias, dando claros indícios que sua preocupação não é em adquirir um produto, mas em observar o andamento da rotina e buscar pontos frágeis no ambiente. O vendedor e o dono nestes casos, um por falta de treinamento ou por estar focado na venda e, o outro, o patrão, por estar focado no negócio, não percebem esta movimentação, é preciso um olhar voltado para segurança para conseguir, no caso concreto, dirimir estes problemas. Análises de imagens podem identificar estes padrões mais rapidamente e a segurança ganhar a corrida contra o bandido.
3. Camuflagem de objetos em outras mercadorias por entregadores: é fácil uma entrega de areia ocultar embaixo do monte várias válvulas, vasos e outros objetos pequenos. Basta que para isso o caminhão passe por "ponto cego" no caminho do depósito. Este fato é bastante corriqueiro em locais que têm as câmeras instaladas por "amadores". Pode eliminar como dito, se implantado acompanhamento eletrônico eficiente na hora de carregar as entregas e claro, controlar a saída de material do deposito.

Outras dicas

- O vendedor externo não deve pegar em dinheiro, é importante implantar sistema de boleto bancário.
- O "proprietário" deve manter controle sobre as vendas externas e internas da loja, acompanhamento pelo gerente ou por meio eletrônico.
- O relacionamento com clientes não pode ficar exclusivamente nas mãos de um único vendedor. O trato com clientes tem de ser impessoal e sempre trazer o nome da loja em primeiro lugar. Saiba que o nome da loja sempre será lembrado em caso de prejuízo a terceiros e não o nome do supervendedor que controla tudo. Pense que um dia ele sairá e levará consigo todos os clientes e conhecimentos conseguidos em nome da loja.
- O controle de notas deve ser batido com os orçamentos e saídas de estoque – conferência balanço do estoque. Boa contabilidade com fechamento diário e feito por grupo externo. Importante eliminar qualquer contato de vendedores com contador e vice-versa. Importante também é separar o depósito do setor de vendas, e este do departamento de compras.
- Uma das regras de ouro do monitoramento por vídeo reza que as câmeras devem possibilitar que a mercadoria seja acompanhada da entrada à saída do estabelecimento, faça o mesmo com as pessoas e com o dinheiro e terá 99,9% de aproveitamento positivo do sistema. REGRA PARA UMA BOA INSTALAÇÃO DE VÍDEO: ACOMPANHE A COISA.

EM ESCOLAS

ROTINA DE UM COLÉGIO: Primeiro, deve-se analisar os aspectos macros ligados à segurança – trânsito, vizinhos etc. A rotina propriamente dita começa com a chegada dos alunos, sejam trazidos pelos pais, motoristas, vans, ônibus ou a pé. A saída é determinada pela entrada – neste caso – crianças que vieram a pé provavelmente voltarão a pé e do mesmo modo, respectivamente, as crianças que vieram de transporte escolar, com os pais ou de ônibus. Focar as soluções de segurança no público atendido é ponto primordial quando se faz uma análise no local.

Instalações em escolas

Nestes casos, deve-se tomar cuidado com implantação dos sistemas de segurança tendo em vista a periculosidade do cliente atendido, observam-se pontos que podem comprometer a integridade física dos alunos: cercas elétricas baixas, plantas venenosas e ou com espinhos acessíveis aos alunos, quinas vivas etc. A escola deve se preocupar com a barreira física, o muro deve ser suficientemente alto para conter invasões ou saídas não autorizadas e ao mesmo tempo, tem de guardar suavidade para não ofender a liberdade dos alunos. As cercas elétricas devem apontar para o exterior com o cuidado de não deixar pontos de escaladas pelo lado de fora e de dentro da escola. Os portões devem ser suficientemente fortes e rápidos com sensor ante-esmagamento; quanto à vegetação interna, ao mesmo tempo em que atenda a estética deve ser rala a ponto de não permitir ocultação de pessoas/animais. Os vidros têm de ser temperados com malhas de aço interno, que servirão ao mesmo tempo de grade de proteção – quebrando o aspecto de prisão. A entrada e saída de alunos e o pátio devem ser bem vigiados por sistemas de câmeras. Em casos especiais, as escolas devem ser dotadas de estrutura resistente a furacões, terremotos e enchentes. Lembro que em casos de emergência a escola deve servir como refúgio para a população local.

Pessoal em escolas

Estes funcionários devem passar por curso de nivelamento em segurança, sobretudo, os que trabalham diretamente na portaria destes empreendimento. Informações sobre cada aluno é primordial: quem são os pais, qual a série; como vieram, como vão etc. Além disso, devem ter os olhos treinados para identificar pessoas estranhas que circundam a escola, devem anotar placas de carros que apresentem atitudes suspeitas, não devem falar sobre condição financeira, nem rotinas dos alunos com quem quer que seja. Devem ficar atentos quanto a brigas dentro e fora da escola, manter contato com a direção sobre tudo que aconteça no pátio ou no acesso à escola. O porteiro é o olho da administração e a discrição e a sagacidade são suas armas mais fortes. Com treino e formação isto é perfeitamente alcançável com qualquer funcionário. Este cotejo específico não exclui os gerais que devem ser observados na contratação do funcionário.

Documental em escolas

Os arquivos devem receber atenção especial neste caso. Neles, encontramos os dados de saúde dos alunos, do tipo: endereços, lista de pessoas autorizadas a pegá-los na escola – dados estes que em mãos erradas poderiam servir para fins criminosos. Temos, também os dados da escola: notas de alunos, provas elaboradas, provas de um concurso de bolsas e outros dados que poderiam facilmente serem transformados em dinheiro dentro de uma escola (venda de provas, alteração de histórico de aluno etc.).

Os documentos emitidos por uma escola têm de gozar de fé pública, o órgão que regula a emissão desses documentos impõe uma série de exigências que devem ser seguidas, logo, controle os formulários e documentos em branco. Não obstante a isto, o colégio pode adotar medidas que visem minimizar a ocorrência de falsificações em seus documentos (marcas d'água, selos etc.), e para evitar vazamentos de conteúdo de prova, é fundamental manter local apropriado para impressão e com uma trituradora de papéis tanto na sala de criação quanto na de impressão. Evite o uso de gravação em HD de máquina da escola (integração da segurança) e use sempre HD móvel e com criptografia forte.

Telemática em escolas

A telemática é o setor primordial destes estabelecimentos, logo uma instituição de ensino deve usá-la e otimizá-la em larga escala. Uso de criptografias fortes (ver tópico sobre) para remeter e guardar documentos; uso de biometria para acesso de alunos a determinados setores; envio das imagens das câmeras das portarias para os celulares do diretor ou coordenadores, multiplicando com isso os olhos em pontos e horários sensíveis. A telemática bem orientada por profissional de segurança pode cobrir vários pontos abertos dentro de uma instituição de ensino.

Violência na escola

Infelizmente tenho que dar ênfase maior às recomendações neste item, isto porque este tipo de ataque vem aumentando em escolas, atingindo nossas crianças. Não existe ato mais danoso que atingir nossos filhos – crianças inocentes sem a mínima condição de reagir. Estes atos se enquadram como terrorismo e forçosamente terá de ser abordados mesmo que superficialmente neste trabalho.

Toda medida de segurança aplicadas em escola, por mais dura que pareça deverá ser analisada hipoteticamente considerando perdas de vidas... E a partir daí, fazer as indagações acerca da razoabilidade do remédio aplicado. O que se deseja proteger – vidas de crianças – tem valor maior que o orgulho violado ou de algum direito subjetivo menor. Na prática seria: fazer uma revista antes de entrar em uma escola, por exemplo, para salvar a vida de inúmeras crianças, seria razoável! Mesmo que depois de implantada, nunca se apreenda sequer uma arma. Uma simples verificação de mochila trará tranquilidade para um aluno que deseja estudar e em nada fere a sua dignidade, ao contrário disto, o aluno sentira um bem-estar por saber que em sua unidade escolar todos foram revistados e ninguém porta arma, ninguém o ameaçará em seu local de aprendizado. Este mesmo efeito é extensivo aos pais que, em casa, sofrem apreensivos com notícias de selvageria em escolas, e, sabedores do rigor aplicado na unidade de ensino de seu filho, ficarão mais tranquilos por entenderem que medidas estão sendo adotadas para inibir ações de violência como as que se vê nos noticiários. Aos pais, cabem avaliar o ato, **não** sob a ótica de seus filhos – porque deles se conhecem a educação aplicada, mas de outros que, infelizmente, desajustados na criação e podem trazer sofrimento e dor a inúmeros lares.

Como em todo segmento da segurança, o papel do profissional desta cadeira seria a identificação do problema e a sugestão de soluções, como nos demais casos. Cada caso deve ser analisado no local e sob as circunstâncias da região e da faixa etária envolvida, em alguns países existem a separação de escolas por faixa etária e nível escolar, porém se não for possível a separação de escolas, que sejam separados por turno, por ala e por faixa etária. Dentre as medidas eu recomendo que:

- Implante na escola suporte par deixar o material dos alunos – armário – e os pais deem autorização para que periodicamente e sem aviso a escola faça revistas periódicas;
- O uso de detectores de metal e de detectores de explosivos nestes armários de plástico que devem ser de material resistente;
- Recomendo ainda que se observe o uso do uniforme – identificação rápida de quem é ou não aluno – e este deverá ser de tecido especial e com bolsos rasos com fim de facilitar detecção de armas escondidas etc., e;

- Treinar o pessoal para visualizar e impedir o acesso em portões com dois turnos, liberando o segundo turno se considerado apto pelo primeiro, com fim de barrar quem venha a descumprir entrada com volumes etc. Neste caso, eu avaliaria a colocação de detectores de metal na entrada (hoje no mercado por preços razoáveis).

Também é importante adotar procedimentos rígidos de controle voltados ao público externo, por exemplo: portaria separada e com vários postos de checagem antes de chegar efetivamente ao aluno. Estas implantações devem ser orientadas, pois uma solução não deve inviabilizar outra. A colocação de portões e de barreiras não devem servir de entrave quando exigir uma eventual evacuação rápida do local. Outras medidas podem ser adotadas, tais como: mochilas padrão com metade de baixo transparente e implantação de sistema de coleta de informações de funcionários treinados, inclusive o motorista dos ônibus escolares seriam uma excelente fonte. Em se tratando de crianças e adolescentes, no ambiente escolar, é aconselhável acompanhamento psicopedagógico.

Dito isto, remeto aos leitores ao início desta conversa ... para salvar a vida de crianças valeria a pena colocar instrumentos dessa monta na porta da escola?

EM BANCOS

Dois pontos de vista: comercial e segurança

O processo de montagem de um sistema de segurança orgânica voltada exclusivamente para uma determinada instituição financeira irá focar desde o local onde será instalada (perto de semáforos ou postos policiais), até a metodologia operacional usada, com estudo de todas as ações do estabelecimento. Além de processo complexo, exige maior detalhamento que reputo inoportuno para esta obra, afeto unicamente ao caso concreto. Contudo, irei abordar um dos temas que causam bastante preocupação quando se fala em segurança bancária: fraudes em cartões de créditos. A tendência é que num futuro bem próximo inexista uso de "dinheiro vivo" nas transações, sendo substituído pelo cartão de crédito. Um profissional de segurança atento perceberá que todo crime que foi, é ou iria ser voltado para o dinheiro, se virará contra o seu substituto – o cartão de crédito. Com base nestas informações, a segurança vai montando as defesas e orientando as Instituições Bancárias.

Neste tópico, por questões óbvias, faremos uma abordagem diferente de forma genérica, sem adentrar em casos concretos. Eis os problemas analisados:

Setor comercial bancário

Ao implantar uma solução de informática, esta jamais poderá atrapalhar o desenvolvimento das atividades cotidianas do usuário, nem tão pouco reduzir a sua aplicabilidade. Este fenômeno, muitas vezes, observamos atingindo um grupo de usuários que não se preparou para a velocidade do avanço tecnológico, nestes casos o banco deve prever em sua estrutura vários treinamentos para minimizar estes efeitos.

Um exemplo prático: determinado banco de negócios, quando oferta aos clientes uma solução de segurança, muitas das vezes, o faz trazendo consigo uma gama de dificuldades operacionais que torna menos eficiente o produto da prestação bancária. O cliente vulnerabilizado pelas dificuldades operacionais e sem ciência do risco que corre, acaba contribuindo de forma negativa, mesmo que inconscientemente, para a ineficácia da medida de segurança ofertada. Nestes casos, é comum observar pessoas anotando sem critérios senhas e procedimentos que deveriam ser protegidos, tornando-as alvos perfeitos para quadrilhas de clonagem de cartão e de furto de dados de clientes. O ideal seria este estabelecimento bancário investir no setor com auxílio de técnicos de informática e com profissional de segurança, ambos trabalhando conjuntamente com fim de encontrar a melhor solução agregada ao melhor custo benéfico tanto para o banco quanto para o cliente. Investir certo e evitar o modismo digital é procedimento correto a ser adotada pelo Instituição.

Bancos são sinônimos de lucro e para auferir cada vez mais lucros eles têm de captar clientes e vender seus produtos. Um dos produtos mais festejado pelos bancos é a facilidade aliada à simplicidade. Ora, estas duas palavras em nada remetem à segurança. Com base nisto, e visando o bem-estar dos clientes, alguns bancos tendem a facilitar ao máximo e até assumem os riscos de aprovarem transações duvidosas com receio de irritar e perder seu cliente especial. Acontece que com o aumento das fraudes, os clientes estão optando pela consistência dos bancos, especialmente, na prevenção.

É evidente que existem seguros que nunca deixam os usuários perderem, de pronto devolvem o dinheiro; mas para o trauma de ter um cartão clonado e a conta saqueada não existe reparação imediata. Acrescento que o diferencial está na capacidade de prevenir, de antecipar-se às fraudes protegendo os clientes destes ataques. Por outro lado, os bancos sofrem com o desleixo de alguns correntistas que ignoram por completo medidas simples de segurança.

Eis um exemplo, hoje, de dispositivo moderno:

Dispositivos fornecidos pelos bancos que geram de tempo em tempo senhas randômicas que serão usadas por clientes, uma única vez, em transações bancárias.

Fonte: http://www.google.com.br/images?hl=pt-BR&source=imghp&biw=1247&bih=785&q=token&btnG=Pesquisar+imagens&gbv=2&aq=f&aqi=&aql=&oq=&gs_rfai=

A segurança dos clientes passaria obrigatoriamente por reeducação quanto à utilização de computadores pessoais:

- Não acessar contas em cyber-cafés,
- Não acessar contas em computadores de terceiros,
- Usar o número do *token* quando este estiver próximo da troca – virada. (Se o banco trocar a cada cinco minutos, faça a transação nos últimos segundos ou reduza ao máximo o tempo, de acordo com sua capacidade – menor o tempo de *token* menor a chance dos fraudadores agirem).
- Fazer avaliação física periódica nas máquinas que são usadas para acesso remoto aos bancos.

Como medida para dificultar as fraudes contra seus clientes, os bancos adotam o código de letras; estes caracteres foram acrescentados às senhas sendo vistos como endurecimento do procedimento no acesso às contas, que além de atingirem temporariamente o objetivo almejado, atrapalham a vida do cliente em suas operações do dia a dia, tendo em vista impor mais uma barreira para ele vencer quando desejar entrar em sua conta. Chegará um ponto em que os avanços tecnológicos possibilitará a tão sonhada velocidade no acesso, aliada à segurança desejada. Um dia o cliente poderá colocar o dedo em sensor no caixa rápido que verificará a sua biometria, DNA e aferirá seus batimentos cardíacos para verificar padrão de estresse, liberando o acesso rapidamente. Ou então, um aplicativo em celular que verifique a biometria e/ou os olhos do cliente aliado à leitura facial com acesso imediato. Note que a tecnologia pode viabilizar este progresso.

Análise de imagens

Instalar câmeras de vídeos por "toda parte" – mesmo se bem planejada por profissionais especializados – muito pouco vai contribuir para o reforço da segurança. Quando se tem gravações, há necessidade de analisar sistematicamente estes vídeos e este exame deve ser feito por pessoa treinada com conhecimento específico de segurança na busca de problemas pontuais.

A aplicabilidade da análise de imagens é muito ampla e traz economia ao banco, traduzindo-se em lucros, ganhos reais de capital. É sabido que antes da ação efetiva, os "vagabundos" passam por estudos e planejamentos, isto inclui visitas ao local do fato tanto antes de cometerem, quanto depois de efetivado o crime e neste exato ponto intervém um bom analista antecipando-se aos acontecimentos e frustrando os ataques. Se comparado ao custo de manter um profissional treinado, o banco lucra aproximadamente 500% para cada crime identificado na preparação, considerando as perdas que seriam oriundas do roubo (dinheiro do banco e dos clientes, danos a terceiros, dano à imagem do banco e dano material e moral), isto estamos considerando que não houve mortes e não calculamos o que será gasto pelo estado na persecução deste crime. A análise de imagens não é tudo, mas é um excelente investimento. Observo que analisar a imagem não significa colocar um despreparado para assistir vídeos e controlar uma câmera remota.

Efeito colateral

Parafraseando a máxima de Isaac Newton que diz: "toda ação pressupõe uma reação em sentido contrário" Lembremos que o ato de pensar faz parte da atividade de segurança. Digo isto porque de nada adianta tratar os problemas isoladamente, sem a devida precaução de não criar outro da mesma intensidade ou até maior. Eu vou ilustrar com acontecimentos fáceis de serem visualizados. Nos anos 1980, havia uma enxurrada de moeda falsa mercado, os bandidos se internacionalizaram nesta prática. A segurança, em âmbito mundial, reagiu e criou dificuldades, tais como: elaboração de papéis-moedas com mais detalhes e controle na emissão destes, aumento do uso do cartão de crédito, combate direto do crime de falsificação, endurecimento de leis, informação ao cliente, dentre outras medidas visando conter o avanço da falsificação de dinheiro que assolava o mundo. Os bandidos, por sua vez, começaram os ataques aos cartões de crédito... E a reação veio com soluções do tipo: Assinaturas, senhas, chips, *token*, dentre outras. O fato é que em se tomando estas medidas, há de voltar os olhos para o futuro com intuito de prever o próximo passo, mas também é necessário ficar atento com o que se passa numa perspectiva horizontal, verificando e resolvendo problemas dos pontos fracos do sistema que poderão ser atacados. Exemplificando de maneira que poderá ser adaptado para todos os ramos da segurança: dificultar na elaboração do papel-moeda, pressupõe endurecer com os cartões de créditos, com a segurança das agências, Aumentar a segurança dos carros fortes, fortalecer a segurança orgânica dentro das agências (hoje, os bandidos não usam armas para "roubar" um banco, apenas entram e exploram as vulnerabilidades da "segurança"), transação com cheques, dentre outras. O objetivo será atingido, quando a bandidagem entender que fica caro investir nesta atividade delituosa. Feito isto o seu setor, o seu negócio, ramo ou atividade será considerado de baixo risco. Para o setor privado, basta este entendimento para começar a resolver as coisa, já para o setor público estas ações têm de ser ampliadas para todos os ramos e aliadas a outras medidas: sociais, jurídicas e culturais que não são objetos deste trabalho.

SEGURANÇA EM CARROS FORTES

"Instalações": segurança em carros fortes

Geralmente os ataques são efetivados em locais onde o poder público é menos atuante e isso ocorre em rotas de ligação de uma cidade para outra onde existe uma lacuna gerada pela proximidade com o outro Estado (ex.: divisa de Minas Gerais com Rio de Janeiro). Seguindo esta máxima é recomendado que se faça exame de rota e nestes pontos delicados a equipe de segurança deve montar esquema de **comboio** para estes veículos. Há necessidade de variar horários e dias de visitas, sendo importante também o mapeamento da região elegendo possíveis rotas de fuga em caso de ataque. É importante a cooperação entre os vários donos de empresa, no sentido de unificar a segurança em torno de objetivo comum; a concorrência do mercado é voraz impondo uma guerra quase que inconsciente entre os donos dessas empresas, porém, há de notar que o problema que afeta uma empresa afeta outra e a sequência de roubos e a quebra dos esquemas de segurança põe em cheque a confiabilidade do transporte de valores nestas condições e todos acabariam perdendo, pois as seguradoras cada vez mais aumentariam seus preços e os clientes buscariam alternativas para transportar seus bens de maneira segura.

Pessoal: segurança em carros fortes

- Toda rota deve ser mapeada e estudada e o treinamento do pessoal de campo deve contemplar direção defensiva e ofensiva. O pessoal envolvido nestes transportes deve ter acompanhamento sistemático visando ao controle psicológico e operacional.
- Pode ser montado esquema de segurança "on-line" do tipo "controladores de voo". Estes controladores de segurança manterão contato com os veículos monitorados e em caso de ataque indicarão rotas de fuga preestabelecidas ou traçadas com auxílio de equipamentos. A vantagem do sistema é que tira a responsabilidade de pensar da equipe que está sob estresse, assim o grupo auxiliar, longe do conflito, fica "tranquilo" para eleger o melhor caminho, avisar aos outros veículos e o mais importante, fazer contato com a força policial local dando detalhes precisos do local do ataque. Para estes casos também deve ser implantado botão de pânico para avisos rápidos.
- Crie uma série de rotas que serão passadas (sistema randômico) ao motorista pelo grupo de controladores apenas quando lacrado o veículo e em movimento. É importante variar os percursos a cada viagem, inclusive repetindo rotas.

Documental: segurança em carros fortes

Manter lotes de dinheiro com marcação especial e rastreadores em todos os malotes, para possível localização em caso de roubo é uma solução cara, mas que deve ser pensada quando a equipe se deparar com uma quantia considerável de dinheiro. Estas marcações devem ser avaliadas (custo benefício) pela equipe de segurança e dependendo do caso recomendá-las. Os efeitos são vários: desde o físico até o psicológico: Veja o exemplo: quando na busca de informações uma quadrilha fica sabendo que determinada empresa usa marcações nos valores transportados, ela, a quadrilha, optará por outras empresas mais vulneráveis que não adotam este tipo de procedimento. A ideia é montar o máximo de dispositivos que dificultem o roubo com o objetivo de espantar ação dos bandidos. É o mesmo efeito causado por uma tranca em um automóvel.

Telemática: segurança em carros fortes

Amplie o uso de equipamentos rastreadores via internet. Coloque câmeras que enviem imagens pela web.

Erro de operacionalidade

Foram observados vários erros e dentre eles destaco um que entendo preocupante e merece ser combatido pelo setor de segurança. Desde a primeira parte do livro, ressalto que o profissionalismo e a obediência às regras impostas para o setor de segurança, se seguidos em conjunto, são aliados fortíssimos na busca da maximização dos benefícios auferidos com a implantação de um plano de segurança orgânica. Neste passo, temos a prática de algumas empresas que ignoraram o perigo e insistem no transporte de valores de quantia superior à permitida por lei em veículos particulares sem blindagem e sem treinamento. Esta prática traz insegurança para a atividade de transporte, sob todos os aspectos: tanto no financeiro quanto em perdas de vidas humanas. As seguradoras não podem ser encaradas como remédio para todos os males de segurança, é um erro tentar resolver estas questões de insegurança com contratação desenfreada de seguros, pois este comportamento apenas alimentará o mercado de bandidos que, agindo em campo cercado de amadorismo, tenderá a aumentar. O mais correto neste caso é aplicar técnicas e métodos com o objetivo de frear estes acontecimentos contratando empresas especialistas em transporte de valores e fomentando a concorrência entre as transportadoras com fim de baixar custos.

SEGURANÇA EM GRANDES EVENTOS

Fonte: https://itisalwayssunrisesomewhere.files.wordpress.com/2012/11/edc12lva_1821.jpg

Um grande evento tem de ser planejado com bastante antecedência. Em se tratando de segurança de eventos passageiros (shows, jogos, comícios etc.), o objetivo buscado é cobrir uma determinada área criando uma região protegida, uma "bolha" onde estariam inseridos todos fundamentos de segurança orgânica com o objetivo de otimizar ao máximo as demandas públicas ou particulares de segurança existentes no local, agregando-as a outras tantas criadas pela segurança; então vejamos:

Sistemática de atuação

Instalações: segurança em grandes eventos

Existem várias preocupações quando tratamos de segurança em grandes eventos, nesta análise dois pontos iniciais devem ser observados, ou seja, informações do tipo: público envolvido ou as características individuais das autoridades e celebridades participantes são cruciais para um planejamento satisfatório.

Vencidos estes dois pontos, partiremos para a temática do evento e em torno dele montar um plano de segurança orgânica que deverá ser o mais dinâmico possível, bem como agregar informações de cunho histórico, filosófico e específico do acontecimento. A demanda de um evento que tenha como tema a visita de um líder religioso é completamente diferente da demanda de um evento de rock nos moldes dos anos 1960 e este, de um jogo de futebol entre times rivais. Veja que a demanda é ditada por aspectos históricos e culturais. Você certamente pensou que a visita do líder religioso seria mais fácil, mas acrescente o ingrediente extra, que é a visita de um líder religioso da minoria em um país com história de violência religiosa. Os problemas para serem eficientemente resolvidos, exige a capacidade de adaptação e de percepção profissional do responsável pela segurança. A busca de informações cada vez mais detalhadas e de ocorrências que possam alterar de forma repentina o *animus* da referida aglomeração é ponto obrigatório que deverá ser checado pelo profissional de segurança. Neste passo tal profissional deve se manter atento e montar um plano de forma macro e abrangente e tecer às minúcias quando da resolução de problemas setoriais. Do plano base germinarão vários outros, dependendo da sistemática apresentada pelo evento. Como dito, as instalações devem ser observadas do ponto de vista geral. Vislumbre o diâmetro máximo atingido por uma quebra generalizada da segurança. Imagine o pior, parta do caos total e completo e tente achar soluções a partir do mais distante para o mais próximo. Saia do longínquo e chegue ao epicentro do problema com a solução pronta.

Da matriz devem partir recursos que abranjam todas as áreas de um plano de segurança. Nunca ignore a geografia natural do local, use as características físicas na elaboração de um plano de segurança. Ex.: numa praia use pessoal, embarcações na água, use salva-vidas, bem como trabalhando na pista de rolamento seguranças com pessoal com uniforme reflexivo, sinalização do evento e treinamentos adequados; próximo ao palco, para efeito visual e inibidor, utilize os seguranças maiores e mais fortes; no meio e misturado ao público deve manter seguranças à paisana; operando armamentos(letal ou não letal), utilize os mais treinados (preferencialmente poder público) e sob comando de subchefe equilibrado e inteligente. O uso de armamentos enseja muita responsabilidade, mesmo os equipamentos não letais. Vejamos um exemplo numa multidão: Para conter um distúrbio pequeno e regionalizado um auxiliar de segurança usa, sem observar a direção do vento, gás de pimenta. Algumas pessoas que estavam próximas sentem os efeitos do gás e começam uma retirada desesperada e o pânico vai se espalhando causando vários ferimentos devido ao "atropelamento" de vítimas que caem. Por conta de possibilidades desse tipo é que o uso de armamento deve ser precedido de uma análise cautelosa por parte da segurança privada. Quanto ao responsável pela segurança, busque saber quantos agentes do Estado estarão envolvidos no evento e com base nesta informação busque integrar, complementando as lacunas não cobertas pelas forças oficiais. Procure não imiscuir na área das forças policiais, o papel da segurança privada é auxiliar e complementar no que couber.

Telemática: segurança em grandes eventos

Use demasiadamente os recursos telemáticos inclusive use flutuadores e pontos fixos com câmeras de filmagem de alta resolução cobrindo todo o evento – não se esqueça de atrelar profissional certo e treinamento para cada solução encontrada. Teste os equipamentos e vislumbre as mais variadas situações: climáticas e operacionais; não se esqueça de prever geradores e de *no-break*. Cuide da comunicação, use dois tipos: uma oficial e a outra para entrar em ação caso aconteça algo com a comunicação titular. E no item documental, não deixe para o último momento as necessidades cartorárias, veja se toda documentação está em ordem: alvarás, vistorias e autorizações (Corpo de Bombeiros, Prefeitura etc.). Sem esta observação é impossível passar adiante.

Prevenção de acidentes: segurança em grandes eventos

Com o foco nos participantes, o ambiente deve ser cuidadosamente estudado, o palco dos acontecimentos deve receber visitas de profissionais ligados à prevenção de acidentes. Lógico que durante o evento haverá pessoas treinadas para a prevenção e ação quando da ocorrência de qualquer acidente. O que deve ser buscado no planejamento são situações latentes que podem se sanadas antes da ocorrência do sinistro.

Fonte: https://www.google.com.br/search?q=cavalaria+em+eventos&newwindow=1&safe=active&source=lnms&tbm=isch&sa=X&ei=YRt6U87HMfOtsATfvoC4Cw&ved=0CAYQ_AUoAQ&biw=1920&bih=912#newwindow=1&q=pol%-C3%ADcia+montada+de+pernambuco&safe=active&tbm=isch&tbs=isz:l&facrc=_&imgdii=_&imgrc=VEeEWAZNM-0bkFM%253A%3BGTfydPpwYbBxgM%3Manter contato com forças do Estado, bem como conjugar a segurança privada com os meios que o Estado disponibilizar.

Eventos em crise

Quando o evento é tomado por conflitos em toda a sua extensão privilegiará a situação fática, geralmente não há tempo de montagem de um plano de segurança, logo, é importante manter-se preparado para estas ocasiões. Tenha sempre de reserva um plano mãe que poderá sofrer adequações rápidas de acordo com o caso e, desde logo, implante-o. Posicione o pessoal e faça as alterações nos primeiros minutos, distribua funções para aliviar a pressão e facilitar o raciocínio. A segurança privada dificilmente será chamada quando tratar-se de um evento conflituoso ex.: greve com piquetes, protestos, badernas generalizadas, nestes casos específicos, as forças do Estado são as que têm legitimidade para atuar com tropas especiais treinadas para controles de distúrbios. Pelo fato de não ser chamada a intervir em situação de caos a segurança privada pode se ver em meio a eventos que de pacíficos migram para um estado de ânimos mais acirrados e é aí que um plano bem elaborado e tecnicamente revisado fará a diferença.

O grande objetivo nestes casos será a preservação da vida e a conservação dos bens ali envolvidos. É inadimissivel que num eventual estado de caos, a segurança fique perdida por não ter vislumbrado aquela possibilidade e, com isso, se misturar ao infortúnio, tornando-se elementos complicadores para o controle.

Num grande evento, em países sem histórico sério de terrorismo – o enfoque maior deve ser direcionado para prevenção de acidentes na preservação da vida e de bens. NÃO SE AFASTANDO DOS ELEMENTOS BÁSICOS DA SEGURANÇA E CONSIDERANDO AS HIPÓTESES, EMBORA QUE RARAS, DE OCORRÊNCIA DE FATOS TERRORISTAS.

Rotas de escape

Canais de ligação de dentro do evento devem ter acesso direto para ruas desobstruídas e isoladas previamente, e o pessoal envolvido na segurança deve conduzir possíveis vítimas direto para pontos de apoio preestabelecidos (hospital, quartel, delegacias, estádios ou outro local seguro), do mesmo modo que autoridades e forças Estaduais e Federais possam chegar ao local por estes corredores livres. Deixar saídas estratégicas em um grande evento é sobretudo demonstração de organização, não se pode contar exclusivamente com as sirenes e "hot lights" das viaturas e nem com as facilidades de pouso do helicóptero, estes devem ser pontos positivos a mais e não a única alternativa. Inclusive preveja locais também para pouso destas aeronaves não próximo à multidão, mas em pontos estratégicos assistidos por canais de ligação emergencial.

Interação entre várias seguranças

É comum grupos de segurança diferentes, por força contratual, atuarem em parceria ou até paralelamente. Quando ocorrências dessa natureza vierem a acontecer, prime pelo profissionalismo e observe os pilares que regem esta relação, quais sejam: CONFIABILIDADE e COMUNICAÇÃO.

- **Comunicação**: é a base de tudo. Estabeleça comunicação com a chefia da segurança e estenda aos demais membros; em se tratando de equipe estrangeira, contrate um intérprete e obtenha informação sobre o modo de como irá operar a equipe parceira e se existe pretensão de integração. Saiba que a outra equipe é "outra equipe" e sobre ela não terá nenhuma ingerência, salvo se o contratante assim o determinar e, havendo determinação neste sentido, ou seja, composição entre as duas equipes, tratar-se-á, desde então, de uma única equipe com comando unificado. Por outro lado, o mais usual de acontecer é o trabalho paralelo com comandos distintos e isolados. Neste caso, busque junto ao contratante informação acerca da atuação e função da outra equipe, bem como informe tanto seus superiores como demais membros de sua equipe, no que couber, das informações colhidas e, lógico, opere no sentido de cooperação dentro de sua atribuição.

- **Confiabilidade:** a confiança deve nascer basicamente da comunicação trocada entre as equipes envolvidas na segurança, tanto a segurança privada quanto a estatal devem estar em sintonia, pois o objetivo é comum – a harmonia. Muitas das autoridades internacionais – dignitários – trazem consigo um grupo de seguranças pessoais, seguranças particulares ou segurança oficial por força do cargo. Informação acerca das atividades de outras equipes é importante para determinar onde atuar com mais ou menos intensidade. Isto, porém, não exime de responsabilidade o titular da segurança quanto ao cumprimento do objeto do contrato firmado com a encampação dos serviços.

É importante saber o que executar e fazer o que deve ser feito. Não use a presença de outra equipe para mascarar a ineficiência de um serviço mal prestado. Se ficar prejudicada a interação, trate toda equipe, dignitário e seus seguranças pessoais, como um único corpo e em torno deles ponha em prática o plano de segurança orgânica.

EXEMPLO DA APLICAÇÃO PRÁTICA DA ATUAÇÃO DO PROFISSIONAL DE SEGURANÇA EM GRANDES EVENTOS

Segurança em um jogo de futebol

Num jogo de futebol, ou até mesmo numa copa do mundo – que é o maior evento dessa modalidade, existem os pontos positivos que consequentemente vêm acompanhados de outros tantos negativos. Nesta linha, podemos acrescentar como positivo o fato do aumento do fluxo de pessoas, notadamente de turistas. A renda vai aumentar até mesmo pela grande oferta de empregos e o incremento do setor de turismo que nestas ocasiões aparecem com mais força.

Uma gama de efeitos negativos faz contradição à euforia de sediar um evento dessa monta, dentre eles o aumento da violência e planejar nestas circunstância é sempre um desafio para quem opera com segurança o ideal, considerando a durabilidade e profundidade das medidas, seria dispor de tempo – 4 anos de prazo mínimo – para então, iniciarem as atividades de política públicas levando ao foco da violência soluções duradouras: educação, emprego e assistência social "inteligente". Este seria o cenário perfeito para atuação segura de um evento dessa magnitude, porém, o profissional de segurança – na maioria das vezes – é chamado a atuar quando o ambiente não é lá muito amigável e, na maioria das vezes hostil, onde a força bruta prevalece e o Estado se vê na necessidade de mostrar-se mais forte e mais agressivo para inibir a desordem.

Ocorrência de brigas

Lembremos que a maioria dos torcedores que compram um ingresso e vão ao estádio de futebol o fazem para assistir a um espetáculo e prestigiar a sua equipe. Brigar é o objetivo de uma pequena minoria e esta parcela quanto mais cedo identificada menos problema causará, logo, já na entrada todos têm de sentir a potencialidade dos organizadores em conter badernas, deverá haver revista rigorosa e dentro do evento é importante fazer o mapeamento da zona e identificar os possíveis focos de distúrbio. Esta varredura é feita no local com o evento instalado e acontecendo como parte do planejamento que fora feito de maneira prévia separando fisicamente as torcidas, os agentes velados devem "varrer" a área e identificar grupos com potencialidade ofensiva (algumas 'torcidas' organizadas), grupos consumindo bebidas alcoólicas ou usando substâncias psicotrópicas etc. O ideal é barrar estes grupos já no acesso ao evento, porém, se por questões legais isto não for possível, identifique-os, isole-os e vigie-os. A prevenção é a maior aliada, no entanto, os baderneiros devem ter a certeza de que não conseguirão ficar impunes e no anonimato. Caso iniciem qualquer iniciativa negativa, retire-os e submeta-os às restrições impostas pela lei apresentando-os às autoridades governamentais presentes no local. Caso o caos esteja instalado a preocupação inicial é retirar do campo do conflito aqueles que pacificamente queiram sair – vítimas – que em um dado momento se viram diante da confusão. A partir daí concentre-se em dissolver o distúrbio – peça auxílio às forças oficiais e cuide para que o ambiente não se contamine com pancadaria generalizada. Transmita calma ao encaminhar o público assustado para um local seguro que muitas vezes é o lado de fora do estádio. O policiamento ostensivo do lado de fora do estádio é fator que ajudará a inibir a continuação da confusão. Busque apoio no aparato policial e não disperse de forma alguma o seu grupo. Não retarde em solicitar ao gestor reforços, seja rápido em suas decisões. Não se deve pecar pelo excesso do uso da força, pois o uso mesmo que "justificado" pode desencadear uma revolta em solidariedade a outro torcedor infrator. A virtude está no meio – o bom senso e a velocidade das ações determinarão o nível de estresse do ocorrido. Quanto mais rápido e eficiente for a ação dos agentes de segurança e forças oficiais, menos danos ocorrerão. Percebendo um foco, agir de imediato e com velocidade deixando para os superiores o papel de ouvir e argumentar com os envolvidos.

Pessoal: segurança em um jogo de futebol e adaptações para outros ramos

Então, vejamos como ficou a estrutura básica para grandes eventos, lembrando que agindo com senso de justiça comum, a segurança contará com a aprovação das pessoas de bem no local, que sempre serão a maioria:

- **Agentes ostensivos:** este número, porém, não é absoluto e depende de análises feitas do evento, mas recomendamos para cada 100 pessoas que se coloque um profissional de segurança privada ostensivo treinado e pronto para agir, seja fazendo barreiras de contenção, separando brigas, protegendo bens e pessoas ou simplesmente revistando e direcionando o público. O foco desses profissionais é a manutenção da integridade física dos participantes, bem como manter o isolamento de áreas não autorizadas para o público, preservar patrimônios e auxiliar na organização do evento. Os grupos devem ser distribuídos por subgrupos de 50 seguranças no máximo, sob comando único e identificado. A obediência deve ser "maximizada", não se admite nesse grupo tomada de decisão isolada – salvo legítima defesa de si e de outros.

- **Agentes velados:** estes agentes têm importância ímpar – geralmente são escolhidos dentre profissionais com perfil de observação e dedução, aliada às experiências com eventos grandes. O seu papel é basicamente prever conflitos a partir de observação de movimentação no meio das torcidas. Eles servem de termômetro identificando e repassando informações para o seu subchefe, que por sua vez manterá o gestor informado de tudo que esteja acontecendo.

- **Gestor:** em se tratando de segurança privada o gestor será a última instância do evento, é dele que emana as decisões finais e cabais para tudo, de suas decisões não cabem questionamentos por parte dos subchefes – apenas considerações que serão discutidas em âmbito de Gestão. O gestor pode chamar tantos quantos forem os conselheiros para ajudá-lo nas decisões, porém, o comando, a ordem clara e inequívoca deve partir exclusivamente dele, o gestor. É comum o gestor sofrer pressões políticas para que delibere de uma maneira ou de outra; para minimizar estas interferências é importante montar o corpo de conselheiros de forma que tenha um grupo de técnicos experimentados em várias áreas para auxiliá-lo na tomada de decisão. Isto se deve ao fato de o gestor não necessariamente ser um técnico, exige-se apenas que tenha conhecimento em gestão de pessoal e conhecimentos macro em segurança. Logo entendemos que o chefe de equipe deve ser uma pessoa experiente e com controle sobre os demais, ele deve ter comunicação direta com os líderes de subgrupos e ficará num ponto mais alto do evento supervisionando e deslocando as equipes enquanto analisa o evento com o auxílio de dois outros profissionais conselheiros.

- **Subchefe:** este profissional deve ser escolhido por sua destreza, liderança e experiência com grandes eventos. O sucesso da segurança em um grande evento depende muito da atuação do "gerente de pista". É dele que partirão as primeiras intervenções e observações, por este motivo é que ele deve ser um líder agregador, que conduzirá com inteligência sua equipe em campo e diretamente contará com os seguranças ostensivos como braço, e os agentes velados que agirão como extensão de seus olhos. Ele, o subchefe, está diretamente ligado ao público e suas decisões, além de rápidas devem ser fielmente seguidas pelos demais integrantes, as ações devem ser repassadas ao Gestor que terá a preocupação macro do evento. A comunicação entre os vários subchefes tem de ser intensa, tudo sendo acompanhado pelo Gestor e seus conselheiros técnicos. O subchefe (uniformizado e bem identificado) pode por sua conta fazer deslocamentos e cobrir pontos que eventualmente delibere necessário – é o subchefe o responsável pela segurança "setorizada" do espaço que a ele ficou determinado, deslocando o grupo ostensivo de imediato para pôr fim a uma confusão, impedindo invasão ou liberando portões. A discrição e a velocidade com que se atua é outro fator determinante, não se admite o uso exagerado da força, pois a truculência e a intolerância podem gerar conflitos indesejáveis e em nada contribui com a segurança.

Esquema proposto

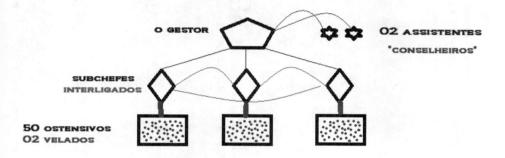

De acordo com o tamanho, local, público e o tipo do evento variam o número recomendado de profissionais envolvidos e caberá ao plano de segurança orgânica determinar este número.

Demonstração prática do esquema de segurança proposto acima

Fonte: http://www.google.com.br/imgresimgurl=http://colunistas.ig.com.br/blogdebola/files/2009/03/pacaembu.jpg&imgrefurl=http://colunistas.ig.com.br/blogdebola/2009/03/12/direto-da-arquibancada

Legendas:

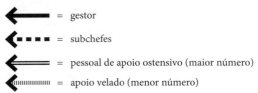

= gestor
= subchefes
= pessoal de apoio ostensivo (maior número)
= apoio velado (menor número)

Instalações: segurança em um jogo de futebol

Vamos direto para um exemplo: se o evento ocorrer dentro de um estádio de futebol há de se manter controle total das saídas e entradas do estabelecimento físico, as saídas de emergências devem estar desobstruídas e prontas para uso. Portões com abertura para fora, contra pânico, fossos com grades, catraca com câmera ostensiva, revista apurada na entrada (paus, bandeiras, objetos perfuro cortantes, bebidas alcoólicas dentre outras proibições peculiares ao evento). Uma curiosidade: existem relatos de que um indivíduo fez uma ponta em uma "vuvuzela" e a usou como arma ferindo desafeto seu – não devemos dar azo às paranoias, porém, toda possibilidade de dano deve ser avaliada e eliminada preventivamente, o ideal é – repito – eliminar (impor rigorosa revista e registrar) as ameaças na entrada.

Documental: segurança em um jogo de futebol

A exigência de documentos na entrada do evento é uma medida positiva – o fato de apresentar uma documentação dá um alerta ao potencial infrator que a segurança está atenta e conseguirá chegar até ele se for preciso. Logicamente esta medida tem de ir ao encontro de soluções de logística céleres, exemplo: "scanners" conjugados com máquina fotográfica que ao entrar o usuário colocaria documento com foto que seria de maneira instantânea copiado e concomitantemente uma foto sua seria tirada, daí então a entrada seria franqueada, tudo em fração de segundos para não inviabilizar o acesso. Vender ingressos com registro do comprador, ingressos nominais, é solução que transfere para o ato da aquisição uma etapa importante da identificação, restando apenas a tarefa de conferência na porta do estádio. A lista dos compradores pode ser checada facilmente pela polícia que vedaria o ingresso dos impedidos.

Telemática: segurança em um jogo de futebol

Os telões podem ser aliados, neste sentido, quando identificado uma baderna aponte as câmeras para lá, geralmente ao ver sua imagem no telão o infrator tende a recolher o seu ímpeto, isto também ajudará as autoridades governamentais e demais equipes de apoio na identificação do foco do convulsão. A telemática pode ser aliada também na hora de agilizar o ingresso de torcedores ao estádio, com a adoção da biometria na compra e aferição desta na entrada do evento. Estas medidas baixariam os custos por combater ações de atravessadores nas portas das arenas, esta seria uma argumentação sedutora para a adesão e colaboração rápida dos torcedores de boa-fé.

Instalações em praças públicas, parques, praias e rios

Em se tratando de eventos em locais abertos, fica comprometida a ideia de barreiras para limitação; o lado bom é que o pânico generalizado fica mais difícil de acontecer. Muitos desses eventos limitam uma área onde o ingresso só é permitido se pago uma determinada quantia, delimitam com cordas, camisetas, lenços, pulseiras e com camarotes instalados em locais privilegiados (trios elétricos). A segurança nestes casos se restringe aquele local delimitado e não se estende aos demais pontos. Quando o objeto do contrato abranger toda a extensão do evento tenha em mente que existem bens do contratante que necessitam de proteção, os bens públicos são protegidos pela força policial local. Quanto à proteção à vida é função de todos. Logo é necessário que se estabeleçam os limites onde a segurança irá atuar.

As técnicas de montagem de barreira são as mesmas acima estabelecidas, use cordas, tapumes ou corrente humana; em todos estes casos de barreiras há de haver a presença de um agente de segurança orientando e encaminhando os participantes.

Outro aspecto que deve ser abordado é a existência nestes eventos de pistas movimentadas e praias, rios etc. Quanto às pistas movimentadas o simples isolamento de um perímetro de três quilômetros – dependendo do público – já seria suficiente para resolver esta insegurança, porém, quando o evento é feito em locais tais como rio, mar e lago a preocupação fica mais evidente, some-se a este fato a ingestão de bebidas alcoólicas que potencializa ainda mais o risco de um acidente. A ênfase deve ser dada à prevenção de acidentes quando configurações como estas são observadas, prime pela implantação de cordão de salva-vidas ao longo da margem, aliado a muita informação acerca do perigo iminente, juntamente, com a montagem de equipe de posto de pronto atendimento médico equipado com instrumentos específico para afogamento e coma alcoólico. O palco deve ser protegido, coloca-se cordão humano de isolamento, esta medida visa evitar que algum participante mais eufórico suba e deturpe o curso natural do evento; nunca é demais evidenciar que uma perturbação no palco sob o olhar de todo o público instigaria uma sequência de "anarquia", tendo em vista passar uma imagem de baderna geral – o controle da situação nestes casos é o aspecto mais importante; deve-se evitar que ocorra efeito cascata ou efeito avalanche, onde atitudes isoladas, se não controladas a tempo podem contaminar o mais próximo e assim por diante até se instalar o caos completo. Para se evitar este efeito nocivo à segurança é importante manter rígido o controle sobre os pequenos tumultos e encerrá-los de pronto. A presença oficial do Estado – polícia local ostensiva – é primordial. Também é recomendado alocar o pessoal da segurança privada de modo a dar uma ideia de volume. O pessoal deve se deslocar sempre em grupo e demonstrar disposição e atitude em suas ações (não confundir com violência e truculência).

Prevenção de acidentes: grandes shows em locais abertos e fechados

Fonte: https://www.google.com.br/search?newwindow=1&safe=active&site=imghp&tbm=isch&source=hp&biw=1920&bih=912&q=evento+no+rio+de+janeiro+praia&oq=evento+no+rio+de+janeiro+praia&gs_

Evacuando o local

É fundamental que a equipe trabalhe maximizada com relação ao grau de alerta. Todos devem estar preparados para o pior dos acontecimentos, e o pior para a segurança são atos coordenados e pensados com o fim de tirar vidas de inocentes e causar dano gratuito ao patrimônio – são os ditos ataques terroristas. Quando o caos se instala, seguir um bom planejamento de evacuação é a atitude mais correta. O gestor, neste sentido, deve atentar-se para o que está acontecendo e ter em mente que deverá contar apenas com ações instintivas do público envolvido no evento e, deve ser capaz – juntamente com seus conselheiros – de distinguir uma situação isolada de um ataque coordenado e geral. Uma vez identificado o plano de evacuação deve ser posto em prática o mais rápido possível, mesmo porque se a segurança for lenta no diagnóstico, vidas serão ceifadas e a evacuação se dará de maneira desordenada e perigosa. Observe que num primeiro instante, momento que precede o pânico, o público é tomado de uma grande curiosidade, todos tentam entender o que está ocorrendo. Lutar contra a curiosidade das pessoas é um desafio a ser vencido; neste momento as equipes devem ser claras e coordenadas no sentido de passar para o público informações "trabalhadas" sobre o ocorrido, deixando bem claro que se ali permanecerem suas vidas correrão perigo.

Caso hipotético

Informar e orientar, estas duas ações devem estar juntas, o público deve "saber" o que aconteceu e acreditar na segurança do local indicado; cada evento é único e cercado de características próprias que serão avaliadas no caso concreto – daí a importância dos conselheiros técnicos nestes grandes eventos. Embora o ocorrido neste exemplo onde prédios privados são atacados repentinamente por bombas se as autoridades presentes demorarem para dimensionar o problema, consequentemente, haverá demora nas outras fases subsequentes: evacuação e isolamento do local. O público geral, tomado de espanto e curiosidade, não se afastará imediatamente do local e pior, começará a ir de encontro ao prédio atacado. O isolamento falhou por falta de coordenação, comunicação e informação; os próprios agentes de segurança tentaram entender o fato ao passo que deveriam, como executores, estar desempenhando seu papel no isolamento da área. O certo é que o perigo fora vislumbrado desde o primeiro momento. Os prédios, imediatamente próximos, deveriam ser esvaziados e os agentes de segurança deveriam informar e iniciar a condução das pessoas para local seguro. Por se tratar de ataque terrorista, os trens e metrôs deveriam evitar o local, as estações da vizinhança esvaziadas; deste exemplo extraímos que um plano de evacuação bem elaborado que contemple local seguro e pessoas treinadas ajudariam muito, logo o gestor, – responsável imediato pela segurança – deve seguir a seguinte sequência:

- Tempo 1 – Ocorrência do fato/sinistro neste caso sem controle apenas trabalha com a possibilidade de acontecer;
- Tempo 2 – Entender e dimensionar o fato, exige-se ação;
- Tempo 3 – Proteger e, se for o caso, evacuar (pessoas e coisas);
- Tempo 4 – Identificar, obstruir/combater – Estas ações por ensejarem força e investigação são atribuição das autoridades públicas, porém, podem ser subsidiadas por particulares como colaboradores.

O intervalo entre estas ações determinará o saldo positivo ou negativo no desfecho da trama. Menos tempo entre a reação da segurança, menores serão os danos contabilizados.

Locais fechados

Não pretendo levar à exaustão a discussão a respeito do tema, mas abrangerei um aspecto relacionado com a segurança em grandes locais fechados ("Shopping centers", feiras, simpósios etc.), que será de grande utilidade quando se pretende montar esquema de segurança em locais deste tipo. Os proprietários desses estabelecimentos primam pela discrição e pela não obstrução, estes elementos tão valorizados pelos empresários direcionam a segurança para as soluções eletrônicas e para o acompanhamento discreto do agente invasor até um local onde não cause maior "publicidade", de preferência do lado de fora do estabelecimento, para então fazer a detenção. Contudo, salientamos que a "ostensividade" é elemento que ajuda na prevenção de ataques e a contenção na entrada do estabelecimento seria o ideal para se evitar maiores traumas à integridade física dos clientes e perda do patrimônio, logo, o investimento em treinamento para o pessoal de segurança e atuação em local certo são atitudes que darão uma resposta satisfatória para a segurança e tranquilidade ao empresário.

Investimento no pessoal

Um agente de execução de segurança que atua num shopping, por exemplo, necessita de conhecimentos diferenciados e específicos que somados aos conhecimentos gerais exigidos aos seguranças, balizará a sua atuação e minimizará as chances de erro. Exemplos de conhecimentos:

- **Idioma:** é fundamental que este profissional conheça o básico da linguagem dominante no mundo, hoje o inglês. Todo ano recebemos uma enxurrada de turistas do mundo inteiro e é comum encontrá--los em grandes centros comerciais e em se tratando de segurança exige-se comunicação em pelo dois idiomas e em extremos usa-se gestos. Ademais, a maioria dos locais fechados tem dupla indicação, uma em português e outra em inglês.

- **Conhecimentos em explosivos:** conhecimentos sobre explosivos são imprescindíveis, informações do tipo: raio de abrangência de uma explosão, danos potenciais, tipos de explosivos e meio de acionamento deles auxiliam o profissional na identificação e tomada de decisão. Como, por exemplo, identificar o potencial ofensivo de uma mala, mochila ou bolsa abandonadas é, sem dúvida, ponto positivo para a segurança orgânica do local. Lembrando que nestes casos o agente de segurança isola e evacua o local, A confirmação ou não da existência de um artefato explosivo é papel de forças especiais do Estado, chame-os imediatamente.

- **Escolaridade avançada:** obedecendo às características locais, sempre que possível nivele por cima o grau de estudo dos vigilantes, respeitando parâmetros mínimos que hoje consideramos o nível médio completo com pelo menos um ano de segundo idioma.

- **Gerenciamento de crise:** este profissional geralmente é o primeiro a estar no local, logo, nada mais natural que ele tenha conhecimentos acerca de gerenciamento de crise. O agente deve enfatizar para o "fora da lei" que ainda tem chances de tudo acabar bem; deve deixar claro que ele não tem condições de continuar com o crime e que naquele momento é o ponto final; deve transparecer calmo, porém, convicto em suas argumentações, ou seja, o vigilante deve manter o clima menos hostil possível até a chegada de força policial que assumirá as negociações e traçará o melhor plano para pôr fim à ocorrência. O papel inicial do vigilante determinará o *animus* do infrator e até poderá pôr fim à confusão, antes mesmo da chegada das autoridades. O vigilante deve mostrar força, mas sem heroísmos imprudentes e é para isso que servem os treinamentos e aprendizados teóricos. Os primeiros instantes da negociação podem significar vidas poupadas e preservação de bens.

Parte 3

Higiene

Não irei aprofundar em questões sanitaristas, mas chamo a atenção neste item para que a segurança entenda que Higiene é um dos pontos que interferem diretamente em seu trabalho, com potencial suficiente para inviabilizar os serviços, logo todo profissional de segurança em qualquer tipo de empreendimento deve observar. Empreendimentos que lidam diretamente com hospedaria, além de aplicar a segurança clássica, devem ficar atentos ao ataque do inimigo invisível – a contaminação. Esta, por sua vez, acontece de várias maneiras e um especialista em infectologia deve ser consultado. A infecção deve ser contemplada dentro do item operações quando a atividade envolver um número considerável de pessoas. Vejamos então alguns exemplos: em um hospital onde existem barreiras separando áreas de infecção que necessitam de isolamento e a segurança transita por estes locais, cuidando inclusive para que áreas não sejam infectadas com o acesso de pessoas descredenciadas. Também nestes estabelecimentos encontramos várias substâncias químicas e radioativas que carecem de treinamento e tratamento especial por quem a elas tenha acesso e à segurança cabe fazer este controle, sem contudo contaminar-se ou contaminar outros; ou em um navio: cuidados com armazenamento de água e trato com alimentos são medidas essenciais para evitar uma possível contaminação; ou ainda numa visão criminal, em estabelecimento onde suas instalações apresentam falhas quanto aos cuidados com o reservatório de água potável, podendo vir a comprometer a segurança de pessoas; ou em clínicas médicas em reforma onde operários inadvertidamente desprezam o potencial radioativo de uma máquina de raio X etc. Eu poderia citar uma infinidade de exemplos onde a contaminação figuraria como elemento principal causador de danos e para todos os casos a segurança poderia intervir positivamente para minimizar os problemas apresentados. Dito isto, tenho a obrigação de esclarecer que o segurança não deve pegar pano e detergente e fazer a desinfecção do local, o que estamos passando é que o plano de segurança orgânica do estabelecimento deve contemplar no caso concreto todos estes aspectos potenciais de contaminação e buscar soluções caso a caso, inclusive acionando um especialista em infectologia conforme já havia dito. Note que a ponta executora dos serviços de segurança deve ser alertada desta possibilidade de dano de forma acidental, ou pior, sendo provocada, intencionalmente, de forma criminosa. Lembrando que a questão de segurança orgânica aplicada às empresas que administram água potável e energia elétrica deverá ser ponto prioritário. (Inclua neste comentário as radiações, os venenos naturais e químicos, animais – fungos, bactérias e vírus etc.).

Meio ambiente

O empresário que aplica em ações que visem preservar o meio ambiente demonstra preparo para enfrentar o mercado cada vez mais exigente e esclarecido. A preocupação com o meio ambiente é solução de segurança de terceira geração, isto se admitirmos as quatro básicas como sendo de primeira (instalação, documentação, informática e pessoal) e de segunda geração (atividade ou produto e prevenção de acidentes). A inserção de mais esta preocupação agrega valor à qualidade da segurança prestada, uma vez que transmitindo sensação de proteção abrangente para o consumidor final, gerará maior confiabilidade ao empreendimento. O meio ambiente deve ser tratado, também, dentro da segurança e deve ser observado em campo específico pelo profissional. Outro ponto a ser observado é que questões ligadas ao meio ambiente se misturam a várias outras soluções, tanto de primeira quanto de segunda geração, e notamos que muitas das soluções de segurança aplicadas ao produto são questões de meio ambiente. Como exemplo prático ilustro: a fauna próximo a um aeroporto, os pássaros, os mamíferos na pista de pouso. Ou mesmo roedores nas tubulações de ar-condicionado ou nas centrais de energia elétrica, ou ainda. Imagine uma erosão que ameaça bens em geral, note que a erosão não se encaixa em nenhum dos ramos vistos de primeira e de segunda geração, ela aparece isolada e deve ser tratada e integrada ao sistema de segurança, neste caso do exemplo o profissional de segurança deveria ter enxergado o conjunto de soluções alcançando questões vindas do meio ambiente. Vejamos outro exemplo: ao implantar uma cerca elétrica, o profissional deve prever os falsos alarmes provocados por animais silvestres ou na hora de passar um cabo subterrâneo deve considerar os roedores da região, neste caso específico obrigando que este cabo tenha uma malha de proteção especial. Ou aproveitando o mesmo exemplo temos árvores onde suas raízes interferem em construções, fios, encanação etc. Ou seja, uma infinidade de interferências do meio ambiente que devem ser observadas pelo profissional de segurança e dada uma resposta ao problema, sempre prevalecendo o bom senso aliado ao profissionalismo. Note que a transformação do mundo pelo homem nas atividades comerciais gera ônus para a natureza e quanto mais transformações ocorrerem, maiores serão os problemas, inclusive de segurança. Assim, a presença de um especialista em segurança sentado à mesa para tratar de assuntos afetos ao meio ambiente é clara e indispensável. Preterir a ponderação de um profissional de segurança, implicará uma avaliação capenga.

Terrorismo

O terrorismo é o acontecimento especial que altera todo sistema de segurança, tanto na sua forma hipotética quanto na sua forma real. Não se trata de mais um elemento estrutural, mas de uma ação que merece tratamento especial por parte da segurança.

Existem limites impostos pela ética profissional quando se trata do terrorismo, daí a falta de material a respeito. O terrorismo é considerado "o grande nó para a segurança governamental" e isto data de muito tempo. Nós, por outro lado, entendemos que este tema deve ser tratado também em âmbito particular/empresarial.

Poderíamos fazer uma crítica e voltarmos para os quatro elementos da primeira geração e admitirmos que se tratarmos profissionalmente todos os elementos lá grafados estaríamos eliminando a possibilidade destes acontecimentos. Ocorre que o antiterrorismo se destaca das demais ações de segurança quanto ao grau de complexidade e de ações diferenciadas que o profissional de segurança tem de tomar, e, nós acreditamos que o desfecho para este nó, passa sem dúvidas pela iniciativa privada. Todo problema que se apresenta, e o terrorismo é um deles, terá de encontrar em sua solução ações tanto macro (Estado), como ações micro (sociedade) e não se pode desprezar esta ou aquela aplicação, sob pena de falhar todo o sistema. Logo, começo esta explanação alertando aos empresários e particulares de que: combater o terrorismo é dever do Estado e auxiliar neste combate é obrigação moral do cidadão. Ao particular cabe, pelo menos, proteger a si e sua família de ataques desta natureza em sua casa ou em seu estabelecimento comercial.

Deixando de lado questões ligadas à Segurança de Estado que não se encaixam neste comentário, aqui apresentarei algumas ações que podem ser tomadas pelo particular quando diante de um quadro potencial desta ocorrência. O progresso e sobretudo a globalização com abertura sem voltas de fronteiras, trouxe este fenômeno para bem próximo de nossas casas, ou seja, em qualquer parte do mundo haverá o risco de um ataque terrorista. Hoje, assistimos assombrados estes atos e temos uma certeza: os ataques terroristas não têm justificativa aceitável e não respeitam fronteiras e o que testemunhamos são as difusões desses ataques pelo mundo e sob qualquer bandeira e motivação, vunerabilizando qualquer cidadão em qualquer parte do mundo.

Para o particular enquanto empresário, o nível de estresse observado variará em função da clientela atendida, do ramo do negócio e da análise feita dos acontecimentos recentes pelo mundo, estes elementos, juntos, deverão ser analisados pelo profissional de segurança que deverá traçar medidas preventivas visando blindar o estabelecimento destes ataques. Identificada uma potencialidade, de imediato o profissional deve elevar os níveis dos quatro elementos estruturais (Pessoal, Documental, Instalações e Informática), ou seja, o Plano de Segurança deve contemplar esta subida de nível para situações de emergência. Exemplo prático disto: na Copa do Mundo de Futebol a ser realizada no Brasil, obrigará o dono do hotel X que hospedar uma determinada delegação que possa vir a ser alvo de terroristas, a tomar precauções em todos os ramos da segurança orgânica acima descritos.

Em se tratando de terrorismo, cabe ao profissional da área de segurança organizar e sistematizar ações que minimizem as ocorrências e aplicar o princípio de inteligência para alcançar a fonte do ataque. Fique atento ao noticiário internacional e mantenha calendário de eventos bem definidos. Faça estudo do público que participará do evento.

Princípio da Oportunidade: nem sempre o inimigo em se tratando de terrorismo é um elemento de outro país como prega os filmes. O "joio" em nossa plantação também causa danos, que devem ser observados e o acompanhamento destes movimentos internos com potencial destrutivo devem ser feito por especialistas. Com isso, eu quero dizer que rotular uma determinada etnia é começar mal uma política de segurança, baseie-se em objetividades.

Por fim, deve ser observado pelo profissional de segurança aspectos que chamo de eventos casuisticamente normais ou eventos duplamente normais. Trata-se de eventos aparentemente normais e que chamam a atenção pelo "excesso de normalidade" que lhe é forçado a ter, eu acredito que a melhor forma de explicar este evento seja exemplificando de imediato: o primeiro e o mais simples que se traduz em um objeto típico do ambiente, mas que foi inserido forçosamente com fim de se integrar ao meio, exemplos são: mala tipo 007 abandonada em aeroporto, mochila em escola, mala de viagem em estação de trem, saco de lixo fora do dia de recolhimento etc. Note que os eventos poderiam facilmente se misturar ao ambiente, mas o profissional de segurança treinado e atento ao cenário mundial identifica que ali, em virtude de análises anteriores, encontra-se um perigo em potencial. Note que o papel do Estado é bem mais amplo do que a obrigação do empresário – esta não menos importante – que se exprime em vigiar a sua empresa. Adapte ao exemplo acima ocorrências envolvendo carros, motos e outros do gênero. (Por ser tema específico e sensível não avançaremos nos demais níveis neste trabalho). Se o particular for treinado o suficiente para conter eventos já descritos o ganho será significativo para a segurança. Nunca é demais lembrar que em se tratando de terrorismo e quando a suspeita for levantada, o particular tem como obrigação a comunicação imediata do evento ao Estado.

A segurança é um sensação que todos, ao menos uma vez na vida, já experimentamos... até mesmos no mais caótico dos úteros, existe a proteção de uma bolsa de líquidos, de um órgão sofrido e de uma guerreira que trouxe você em segurança para este mundo. Não é por acaso que assumimos a posição fetal quando fragilizados.